桜井古墳群俯瞰（北東から）

古墳全景（南東から）

二子古墳

埴輪や葺石はなく、周溝がみられた

姫小川古墳

後円部北側から南側にかけて幅10m超の周溝が巡っている

古墳全景（南東から）

姫小川古墳第3次調査
トレンチ3（くびれ部／西から）

姫小川古墳
（名古屋市立博物館所蔵、小栗鉄次郎氏資料）

獅子塚古墳

獅子塚古墳後円部（南西から）

塚越古墳

塚越古墳副葬品
（紡錘車形石製品・鉄鋸・鉄鑿）

古墳全景（東から）

姫下遺跡

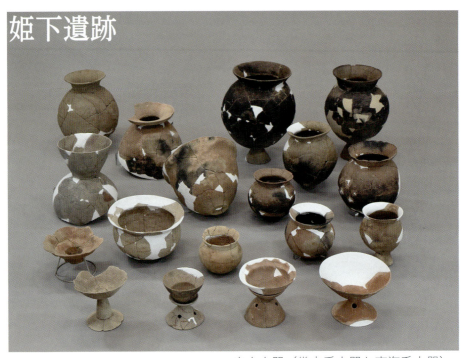

出土土器（畿内系土器と東海系土器）

第1次調査 SD1（周溝）

姫塚古墳

三河国、
ここにはじまる！

安城市教育委員会・土生田純之 編

雄山閣

先人のメッセージを守り、伝える
―桜井地区文化財保存会の活動―

黒柳一明

　このたび、桜井地区のルーツを掘り起こす「三河国、ここにはじまる―文化遺産とまちづくり―」が発刊されるはこびとなり、慶びに堪えない。発刊にお骨折りいただいた土生田純之先生を始め、ご執筆の先生方に厚くお礼を申し上げる次第である。
　私は鹿乗川(かのり)の近くに住んでいる。1948（昭和23）年、圃場整備事業があり、鹿乗川右岸の小高い畑の土をトロッコに積み、鹿乗川に架けた仮橋を渡って左岸の田に入れていた光景を想い出す。小高かった畑は平地になったが、1988年に道路が通ることになり発掘調査が実施され、弥生時代の方形周溝墓や土器などが出土した。加美(かみ)遺跡と呼ばれている。もし圃場整備の時にもう少し土が削られていたら、貴重な文化財が破壊されるところだった。埋蔵文化財が常にこうした危険にさらされていることを思うと、そこに住む人が普段から気をつけて暮らすことが大切だと思う。
　安城市の南部にある桜井地区は、1967年安城市に合併するまでは、碧海(へきかい)郡桜井村で、藤井・野寺・寺領・木戸・小川・姫小川・東町・桜井・堀内・川島・村高の11の大字があり、合併後もこの11地区を総称して桜井地区と呼んでいる。文化財保護に対する行政・住民の意識は早くから高いものがあり、1927年に二子(ふたご)古墳・姫小川(ひめおがわ)古墳の国史跡の指定を実現、1943年『桜井村史』(杢原1943)刊行を受けて、1956年には「桜井町文化財保護条例」の制定（安城市は1958年制定）、併せて文化財保護委員会を設置し、浜田師良氏（教育長）、杢原利一氏（前村長・『桜井村史』発刊）、林庸次郎氏（学校長）、小山彰円氏（本證寺(ほんしょうじ)住職）、稲垣藤右ェ門氏（学識経験者）、鈴木進氏（学識経験者）、鈴木和雄氏（考古学研究者）の7名が任命された。保護委員会では「桜井町下谷棒の手保存会」の設置、「印内薬師」「本證寺境内地及び竜の椀（垣蔦文組椀）」の県指定文化財の申請、寺領廃寺跡の発掘調査など多

くの活動を行った。

　町おこしとして、本證寺の寺宝の公開展示を行い多くの人々が楽しめる「本證寺虫干奉賛会」を立ち上げた。杉山嘉英町長が奉賛会長となり23集落の世話役が会員を募り、会費は1人2,500円であった。1957年7月23日から25日の3日間にわたって第1回「本證寺虫干法要」が開催された。重文「善光寺如来絵伝」「聖徳太子絵伝」その他多くの文化財の公開（虫干）を行い、協賛行事として福引き、地元産の夏果菜と桜井茶の安売り会、余興として大正琴・舞踊などを行った。3日間は夏祭りとして町内はもちろん近郊よりの参詣者、文化財愛好者が集まり大変な賑わいであった。この頃、和菓子店の木根屋（西町）によって落雁にあんこ入りの「御免茶」と「櫻井最中」が桜井銘菓として創られた。虫干行事は時代とともに変遷し、2001（平成13）年頃には約40年間続いた行事も終わりとなった。

　桜井地区には、まちづくりの一翼を担う桜井地区文化財保存会がある。300人を超える会員を有し、24年間続いている地区をあげての保存会は、安城市では唯一の文化財保護の民間団体である。

　この会は、1993年10月16日に発足した。県指定文化財の本證寺本堂の修復が必要となり、協力の機運を盛り上げるため、また、文化財保存の意義と意識の高揚を図るため、設立を要望する声が高まった。発起人の代表は桜井商工会会長横山登喜次氏と桜井町内連合会長杉山実氏で、設立の呼びかけは「この度、学区町内会長並びに市議会議員の皆様の総意により、当地に所在する文化財史跡、遺跡を保護、保存し、後世への伝承を目的として保存会を設立し、この地に住まえる喜びと先人の息吹に謝し、併せて後継者の育成と普及に努めたいと思います」という趣旨であった。設立総会には、町内や集落で古くから伝わっている祭礼・地蔵祭り・お惣仏など将来に伝えていかなければならない行事や村の運営の仕方に関わりの深い町内会長、町内会役員や集落の総代及び役員などの他に文化財保存に理解のある住民、そして桜井地区にある企業が参加した。設立時の会員数は226名で、初代会長には横山登喜次氏が選ばれた。会員数は2003年には397名と最多だったが、その後やや減少気味で、2015年では314名となった。

保存会では、24年間で32名の多くの方々のご講演を聞くことができた。主な講演だけでも、1994年「蓮如上人と本證寺・蓮泉寺」天野暢保氏（安城市歴史博物館館長）、1998年「家康の祖松平八代と桜井松平の周囲」岩月栄治氏（岡崎市文化財保護審議会委員）、2000年「徳川三代とその時代」小島勝彦氏（放送作家）、2008年「安城の中世の歴史」村岡幹生氏（中京大学准教授）、2014年「藤井松平家の生き方・激動の幕末と明治」渡辺信子氏（藤井松平伊賀守家12代当主）などがある（所属は当時）。さらに、2014年「本證寺境内地国指定記念講演」北村和宏氏（愛知県立足助高校教頭）、本書の発端となった2015年「桜井古墳群保存管理計画策定記念パネルディスカッション」、2016年「亀塚遺跡人面文壺形土器国指定記念講演」なども開催してきた。

　また、古きを訪ね、その地を知り文化財保護の状況を知ることにより、地元を見つめ直し今後の文化財保護の参考とするとともに、会員の親睦を深めるために毎年1回日帰り研修として、約60か所を見学した。主なものでは、愛知県犬山市青塚古墳、岐阜県可児市兼山歴史資料館、羽島市羽島円空資料館、大垣市美濃国分寺跡、御嵩町願興寺・御嵩宿本陣、三重県津市石山観音磨崖仏、静岡県浜松市蜆塚（しじみづか）遺跡・伊場遺跡、磐田市旧東海道池田宿、掛川市大日本報徳社・掛川城、菊川市黒田家代官屋敷、滋賀県近江八幡市近江風土記の丘などがある。また、保存会設立20周年記念研修として1泊2日で桜井松平家・藤井松平家とゆかりのある兵庫県尼崎市・明石市も訪れている。

　また、地区内で年数か所行われる発掘調査の現地説明会にも積極的に参加し、新しい発見に胸を躍らせている。

　桜井地区には、安城市の指定文化財のうち約半数があり、文化財は地域の風土と人情の中で培われた郷土文化であり、まちづくりの支えとなるものである。そして私たちのふるさとの文化財を訪ねることにより、歴史を実感し、またその大切さがわかるものである。「三河国」が始まった地域であることに誇りを持ち、地区民が力を合わせ先人から受け継いだ財産を大切に守り、伝えていきたいと思っている。

　本書が多くの人に親しまれ、桜井地区、安城市の発展に役立ち、そして後世の人々に喜ばれる地域となれば大変嬉しく思う。

三河国、ここにはじまる！　目次

先人のメッセージを守り、伝える
　　―桜井地区文化財保存会の活動―　　　　　　　　黒柳一明　　1

本書の趣旨　　　　　　　　　　　　　　　　　　　土生田純之　　6

第1章　桜井古墳群・鹿乗川流域遺跡群とは何か

1　桜井古墳群の概要　　　　　　　　　　　　　西島庸介　　10
2　矢作川流域の前期古墳
　　―賀茂郡の古墳を中心に―　　　　　　　　森　泰通　　23
3　鹿乗川流域遺跡群の概要　　　　　　　　　　岡安雅彦　　33
4　鹿乗川流域遺跡群周辺の遺跡
　　―上条遺跡群を中心に―　　　　　　　　　北島大輔　　44

コラム1
　鹿乗川流域遺跡群の外来系土器・線刻土器　　川﨑みどり　54
　　―外来系土器と人面文を旅する―

第2章　三河国、ここにはじまる

1　古墳は何をあらわすのか　　　　　　　　　　土生田純之　64
2　三河における桜井古墳群の特色　　　　　　　早野浩二　　81
3　考古学から穂国造を考える　　　　　　　　　岩原　剛　　92
4　桜井古墳群にみる古墳時代前期首長墓の諸相　鈴木一有　102
5　鹿乗川流域遺跡群の特質　　　　　　　　　　寺前直人　114
6　本神遺跡と環濠集落　　　　　　　　　　　　石黒立人　125
7　三河国の由来　　　　　　　　　　　　　　　福岡猛志　133

第3章　桜井古墳群を守り、伝える

1　安城市のまちづくりと文化遺産　　　　　　　　神谷澄男　142
　　― 本證寺境内を中心として ―

2　昼飯大塚古墳の整備とは何か　　　　　　　　　中井正幸　154

3　桜井の文化遺産　　　　　　　　　　　　　　　伊藤基之　165

4　桜井地区からみた二子古墳　　　　　　　　　　山本清堯　175

5　姫小川町内会と姫小川古墳　　　　　　　　　　都築克洋　179

　コラム2
　　仏あらば魂入れよ　　　　　　　　　　　　　　齋藤弘之　183
　　― 文化遺産を活用した「まちづくり」について考える ―

6　桜井古墳群のこれから　　　　　　　　　　　　佐藤正知　190

第4章　ディスカッション
　　　　　三河国、ここにはじまる　　　　　　　　　　　　199

市民とともに歩んだ文化財保護の50年　　　　　　天野暢保　211

桜井古墳群をもっと知るために　　　　　　　　　　　　　　219

※本書は2014年6月13日に行ったパネルディスカッション「三河国、ここにはじまる―桜井古墳群の誕生―」を元にまとめたものである。
※桜井古墳群・鹿乗川流域遺跡群関連の写真については、安城市教育委員会提供。

本書の趣旨

土生田純之

桜井古墳群保存管理計画検討会議の構成について

　本書は2014（平成26）年10月10日に第1回の会合を行った、「桜井古墳群保存管理計画検討会議」と密接な関係を有する。他の会合同様、初回は各委員の挨拶から始まった。その折には市教育委員会担当者のほか、筆者とともに、寺前直人（駒澤大学准教授）、赤塚次郎（愛知県埋蔵文化財センター副センター長〈当時〉）、中井正幸（大垣市教育委員会文化振興課文化財専門官）、そして地元を代表して天野暢保（安城市文化財保護委員会委員長）が委員に任命された。これらの人々は、いわば専門家としての立場から任命されたものである。しかし、この他に黒柳一明（安城市桜井地区文化財保存会会長）を始め、都築克洋（姫小川町内会会長）、山本清堯（桜井駅周辺地区まちづくり委員会委員長）の3氏が名を連ねていたことには正直驚きの念を禁じえなかった。もちろん地元代表者が参加すること自体は珍しいことではなく、むしろ地元住民あっての遺跡保存である。当然地元代表者が会議に参加することは必要不可欠の事項である。しかし、3名もの委員が名を連ねることはそう多くはないものと思われる。会議自体は短期集中型であり、翌2月10日の第5回をもって終了した。この会議の中で、先にあげた地元代表者の委員からは積極的な意見が交わされ、安城市当局の、地元に配慮しているということを示すだけの「役所的配慮＝ポーズ」ではないことが窺えた。実際、2015年3月に発行された『桜井古墳群保存管理計画書』には地元代表の各委員諸氏から出された多くの貴重な意見が盛り込まれている（なお、会議にはこの他に助言者として文化庁記念物課主任文化財調査官の佐藤正知、愛知県教育委員会生涯学習課文化財保護室主査の原田幹両氏が参加された）。

パネルディスカッション・「三河国、ここにはじまる―桜井古墳群の誕生―」

　さて、既述のように将来にわたって桜井古墳群の保存を図るためには、地元住民の協力が不可欠であるが、その中でも中核となる桜井地区文化財保存会が中心となって、2015年6月13日（土）に、「三河国、ここにはじまる―桜井古墳群の誕生―」というディスカッションが開催された。当日におけるディスカッションの記録は本書に掲載された記録集に明らかであるが、筆者は特に当日のディスカッションに参加した地元住民が多いことに注目した。先にあげた3名の地元代表委員は、いずれも文化財に深い理解と関心を持ち、桜井古墳群の保存・活用に熱心な方々であるが、その背後には文化財に関心の高い多くの地元住民が存在しているという事実を改めて認識したのである。

　さて、ディスカッションが盛況であったことに気を良くして、先にあげた委員諸氏からディスカッションの内容を核とした啓蒙普及書を作成してはどうかという声が上がった。特に地元代表委員からは、桜井古墳群について地元住民の理解と関心をさらに高めるためにも啓蒙普及書の出版が不可欠である旨の強い要望が出された。そして、編集は土生田が行うべきであるという雰囲気になった。筆者としては、趣旨には賛同こそすれ反対するいわれはないこと。編集を行うことに特に大きな問題はないが、その前提としていくつかの条件をクリアする必要があると述べた。すなわち、本書は啓蒙普及書であるから桜井古墳群の価値を広く知らせる必要があること。したがって愛知県、中でも安城地区に比重がかかるのは当然としても他地方にも裨益する内容にすること。このため、会議の構成員にこだわらず、必要な事項について適宜執筆者を選定・依頼すること。その際、当然のことではあるが、難解な内容にしないことが重要である。次に既述の通り、桜井古墳群については地元関係者に熱心な方が多く、また有益な意見も多数いただいていることから、地元代表の委員各氏から必ず原稿を頂戴すること、という2点である。

　幸い、いずれも委員各氏の同意を得、また教育委員会担当者の誠実かつ熱心な対応によりここに一本を上梓することができることは誠に喜ばしいことである。

本書の趣旨

本書名の由来

　本項の終わりにあたって、「三河国、ここにはじまる！」というタイトルについて一言しておく必要がある。このタイトルについては当初様々な意見があったが、西三河地区において古墳時代当初に顕著な古墳群が構築された地域・遺跡は、桜井古墳群をおいて他にないという認識では各委員間で一致していた（豊橋等東三河地区においては、（三河）穂国造_{ほのくにのみやつこ}がおり、古墳時代は別の国・地域であったものと考えられる）。特におよそ4世紀代の100年間にもわたって首長墳が継続構築された地域（しかも複数系列ある可能性がきわめて高い）は、桜井古墳群1か所のみが指摘できるのである。したがって、桜井古墳群の成立は広く西三河地方（三河国）の領域形成と深く関係する可能性が強く窺える。その意味で、桜井古墳群を擁する鹿乗川_{かのり}流域地域を古墳時代当初の「三河国」中心地と考えることは、重要な意味を持つものと思われた。今後このような視点からの検討が切望されるのであり、本書がその一里塚になることを願うものである。

第1章

桜井古墳群・鹿乗川流域遺跡群とは何か

1 桜井古墳群の概要

西島庸介

はじめに

　愛知県安城市にある桜井古墳群は、西三河平野を貫流する矢作川右岸、碧海台地の東縁部とその眼下に広がる沖積地の微高地上に立地する(図1)。南北3kmに及ぶ範囲で大小20基あまりの古墳で構成される本古墳群は、前方後円墳と前方後方墳が共存する前期古墳群と考えられる(表1)。ここでは、桜井古墳群の調査研究史を概観した上で主要古墳を紹介し、最後に調査研究の課題について触れていきたい。

1　桜井古墳の調査研究史

　桜井古墳群を構成する古墳については、江戸時代の絵図や文書史料に断片的に表される場合を除けば、明治初期に明治新政府により計画された地誌材料調査を初出とする場合が多い(安城市史編さん委員会1973所収)。

　その後、大正年間から昭和10年代にかけては、『碧海郡誌』(碧海郡教育会1916)、『桜井村史』(杢原1943)など地誌のほか、愛知県史跡名勝天然紀念物調査会の小栗鉄次郎による調査報告が知られる(小栗1936a・b)。小栗は、1927(昭和2)年国史跡に指定された二子古墳・姫小川古墳を初めての墳丘測量図とともに紹介している。

　戦後、1949年塚越古墳は地元有志により発掘調査が実施され、これは今日に至っても市内で唯一、埋葬施設を含めた調査記録となっている(三井1961)。昭和30年代中頃までの前方後方墳研究の進展により、それまで前方後円墳と考えられてきた二子古墳は前方後方墳であることが判明した(大塚1962)。地元でも久永春男の指導を受けた鈴木和雄ら桜井町文化財保護委員会により『桜井町の古墳』がまとめられ、二子古墳を前方後方墳と

1 桜井古墳群の概要

位置づけ、さらにこれらの古墳群を北部の桜井古墳群、南部の姫小川古墳群に分類、その後の研究の指針となるべく成果を得た（桜井町文化財保護委員会1959）。また、昭和40年代に編さんされた『安城市史』に代表されるように、旧桜井町以外の古墳についても天野暢保により評価され始めた（天野1960・1971）。

昭和50年代から平成初頭において、列島各地で古墳編年が確立されていく（鈴木敏1985、赤塚1990、贄・神谷1992）。そうした中、桜井古墳群は赤塚次郎によって、「豊川水系での小規模な前方後方墳の造営は4世紀中頃を境に終焉し、それに変わるかのように矢作川中流域に前方後方墳が集中する地域（安城市桜井古墳群）が出現してくるようである」(20頁)、「三河地域最大の大型墳造営地」(21頁)と評価された。

最近では、『新編安城市史』（安城市史編集委員会2004・2007ほか）編さんに伴う遺構測量調査、また国史跡二子古墳・姫小川古墳の範囲確認調査（安城市教育委員会2007・2011）なども実施され、基礎情報が蓄積されつつある。

桜井古墳群には、二子古墳とほぼ同規模とみられる桜井町比蘇山古墳、内行花文鏡が出土した東町八ツ

図1　桜井古墳群と鹿乗川流域遺跡群

第1章 桜井古墳群・鹿乗川流域遺跡群とは何か

表1 桜井古墳群一覧

No.	古墳名	所在地	墳形	墳丘規模(m)	内容	指定状況・都市計画
1	塚越古墳	古井町塚越	前方後方墳か	42	1949年発掘調査。粘土槨ないし木棺直葬から紡錘車形石製品1点、鉄鏃2点、鉄鎌1点、土器類が出土。1992・2000年測量調査。古墳時代前期後半。	市指定(1961)／市街化調整区域
2	愛染古墳	古井町軽桶	円墳	24	1891年濃尾地震で倒壊した本堂再建にあたり、墳頂より大刀・刀剣類が出土したという。2000年測量調査。	市街化区域(第1種住居地域)
3	三ツ塚1～3号墳	古井町三ツ塚	いずれも円墳か	—	3号墳は1930年代の開墾に際して、鉄刀・土器ないし鉄刀・金環が出土したという。1号墳のみ現存。	市街化区域(1・3号墳…第1種中高層住居専用地域、2号墳…第1種住居地域)
4	東川古墳	古井町御堂山	円墳か	11	現状では南北約9m、東西約11.5mの長方形状を呈する。	市街化調整区域
5	印内北分1・2号墳	桜井町印内北分	いずれも円墳か	—	1号墳は直径15mの円墳で、明治初年の盗掘により刀剣・玉類が出土したという。	市街化区域(第1種住居地域)
6	二子古墳	桜井町二タ子	前方後方墳	68	1990年測量調査、2003年確認調査。	国指定(1927)／市街化調整区域
7	碧海山古墳	桜井町干地	円墳か	24	2000年測量調査。	市指定(1965)／市街化区域(第1種住居地域)
8	堀内古墳	堀内町屋敷	円墳か	24	2000年測量調査、2010～2012年発掘・確認調査。前方後円(方)墳とも推定されていたものの、発掘調査では前方部が確認されていない。	市指定(1965)／市街化区域(第1種住居地域)
9	比蘇山古墳	桜井町桜林	前方後方墳か	40	1999年測量調査。『資料編桜井町の古墳』(1959)では拝殿が後円部、本殿が前方部とされる。	市街化区域(第1種住居地域)
10	山伏塚古墳	桜井町干地	円墳か	18	2002年測量調査。『資料編桜井町の古墳』(1959)では古塚とされる。	市街化区域(第1種住居地域)
11	もも塚古墳	桜井町下谷	円墳か	21	『桜井村誌』(1887)では八幡社境内に「かため塚または股塚」と表記される。	市街化区域(第1種住居地域)
12	獅子塚古墳	東町獅子塚	前方後円墳か	40以上	2001年測量調査、2010年市立会調査で周溝とみられる溝状遺構から壺形埴輪が出土。	市指定史跡(1965)／市街化区域(第1種住居地域)
13	姫塚古墳	姫小川町姫	方墳か	28(南北)25(東西)	2001年測量調査、2008～2010年確認調査・発掘調査。幅7.3m以上、深さ90cm以上の周溝を確認。	市指定史跡(1965)／市街化区域(第1種住居地域)
14	八ツ塚古墳	東町八ツ塚	円墳	不明	1881年開墾に際して、内行花文鏡1面が出土。埋葬施設は石室を持つという。	市街化調整区域(青地農地)
15	姫小川古墳	姫小川町姫	前方後円墳か	65	1992・2001年測量調査、2008・2010年確認調査。	国指定(1927)、追加(2012)／市街化区域(第1種住居地域)
16	王塚古墳	姫小川町姫	円墳か	22	2001年確認調査・測量調査。古墳に伴う遺構・遺物は確認されていない。	市街化区域(第1種中高層住居専用地域)
17	加美古墳	小川町加美	円墳か	不明	『安城市史』(1973)で古墳時代後期の古墳と表記される。	市街化区域(第1種中高層住居専用地域)
18	月見塚古墳	桜井町印内南分	円墳か	不明	『桜井村史』(1943)では古墳とされたが、『桜井町の古墳』(1959)では古塚とされる。	市街化区域(第1種中高層住居専用地域)
19	亀塚古墳	東町亀塚	円墳か	不明	『桜井村史』(1943)では古墳とされたが、『桜井町の古墳』(1959)では古塚とされる。	市街化区域(第1種住居地域)
20	姫古塚	姫小川町姫	円墳か	不明	『桜井村史』(1943)では古墳とされたが、『桜井町の古墳』(1959)では古塚とされる。	市街化区域(第1種住居地域)
—	崖古墳	姫小川町姫	—	—	2001年測量調査、2010・2012年確認調査。古墳の可能性が低い。	市街化区域(第1種住居地域)

塚古墳など多彩な古墳が存在するが[1]、以下では代表的な古墳5基を紹介していく。

2　桜井古墳群を構成する主要古墳

（1）二子古墳（桜井町／国指定史跡）（図2）

　二子古墳は、1819（文政2）年「桜井村絵図」に「二子山」とその上に「天神」として社が描かれ、それに先立つ1710（宝永7）年の文書史料にも登場する[2]。小栗報告以来、数度にわたり墳丘測量調査成果が公表されてきたが（桜井町前掲、天野1994、加納2004）、発掘調査は2003（平成15）年墳丘範囲確認調査を第1次調査とする（安城市教育委員会2007）。調査の結果、墳丘長68.2mの前方後方墳で、後方部北側（Aトレンチ）に幅11.5mの溝が確認され、周溝の可能性が指摘されている。調査の制約から段築の有無は不明だが、葺石・埴輪は確認されていない。古墳の時期は、埋葬施設・副葬品が判明していないものの、墳形・墳丘形態から古墳時代前期前葉から中葉（集成編年2～3期、3世紀末葉から4世紀前葉）と考えられる。

（2）姫小川古墳（姫小川町／国指定史跡）（図3）

　姫小川古墳は、1832（天保3）年「小川村絵図」に「薬王」と記された社が描かれた付近に所在する[3]。二子古墳同様、数度の墳丘測量図の発表を経て（赤塚1997、齋藤1997、加納2004）、2008・2010年に墳丘範囲確認調査が実施された（安城市教育委員会2011）。調査の結果、前方部前端が昭和40年代の埋立てによって把握できなかったものの、墳丘長65m程度の前方後円墳で、後円部北側から南西側にかけて幅10m超の周溝が巡っていることがわかった。段築の有無は不明だが、葺石・埴輪は確認されていない。古墳の時期は、墳形・墳丘形態から二子古墳と併行ないしわずかに後続する、古墳時代前期中葉（集成編年3期、4世紀前葉から中葉）と考えられる。ちなみに、発掘調査成果を受け、2012年墳丘北東の民有地が国史跡に追加指定されている。

（3）塚越古墳（古井町／市指定史跡）（図4）

　かつて「オオツカ」「シシヅカ」と呼ばれた塚越古墳は、1948年墳丘測量調査、1949年願力寺住職と地元有志により発掘調査が行われた（三井前掲）。

第1章 桜井古墳群・鹿乗川流域遺跡群とは何か

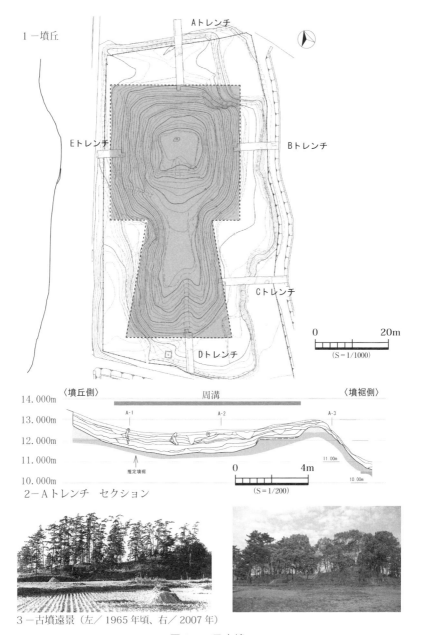

1－墳丘

2－Aトレンチ セクション

3－古墳遠景（左／1965年頃、右／2007年）

図2 二子古墳

1 桜井古墳群の概要

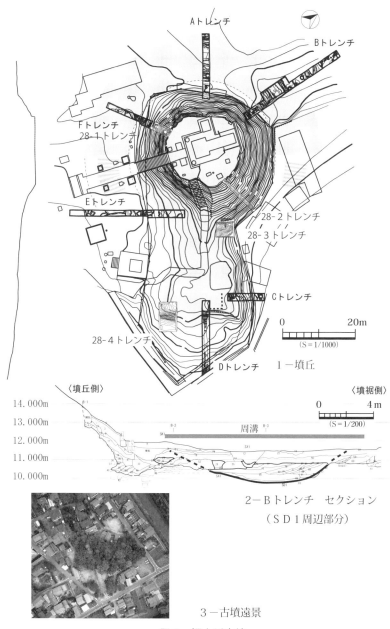

図3 姫小川古墳

第1章 桜井古墳群・鹿乗川流域遺跡群とは何か

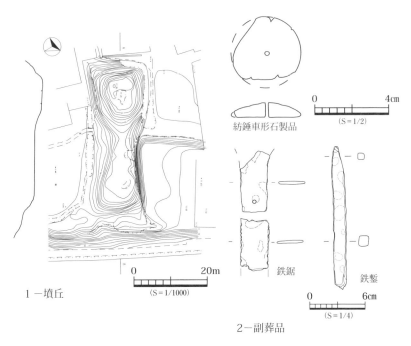

1 —墳丘

2 —副葬品

3 —古墳遠景（南から、2006年撮影）

図4 塚越古墳

調査の結果、埋葬施設は石材が確認されなかったことから石室・礫床を持たない粘土槨ないし木棺直葬と考えられる。副葬品は緑色凝灰岩製の紡錘車形石製品1点（直径3.9cm、高さ0.9cm）、両刃両柄の鉄鋸2点（同一個体か）、断面方形で長さ15cm以上の鉄鏨（たがね）1点が出土している。また、墳丘盛土からは弥生時代前期から古墳時代前期の土器が10点ほど出土している。その後、墳丘測量調査が実施されているが（赤塚前掲、齋藤前掲、北村2004）、墳形の確定には至っていない。なお、埴輪・葺石は確認されていない。古

墳の時期は、副葬品から古墳時代前期後葉（集成編年3～4期、4世紀中葉から後葉）と考えられる。

(4) 獅子塚古墳（東町／市指定史跡）（図5）

明治年間（1868～1912）、鹿乗川改修工事の際に前方部が削り取られた古墳で、その名は獅子が北を向いて伏しているように見えることに由来すると伝わる。古くから前方後方墳の可能性が指摘され（桜井町前掲、大塚前掲、茂木1974）、2001年に墳丘測量調査を経たものの、墳形・墳丘規模の確定には至っていない（川﨑2004）。2010年に行われた古墳周囲の下水道布設工事に伴う工事立会調査によって、古墳の周溝とみられる幅8.8m以上の溝から、安城市内初となる壺形埴輪の破片が数十点出土している[4]。古墳の時期は、この埴輪から古墳時代前期末葉～中期初頭（集成編年4～5期、4世紀後葉から末葉）と考えられる。

(5) 姫塚古墳（姫小川町／市指定史跡）（図6）

姫塚古墳の墳形は小栗報告以来、2001年墳丘測量調査を経た後も、円墳ないし方墳とされてきた（小栗前掲、川﨑前掲）。2008～2010年、古墳の西側と東側で範囲確認調査、開発に伴う記録保存調査が行われ、幅7.3m以上の周溝が確認されている（安城市教育委員会2015a）。この周溝の位置・形状から、南北28m、東西25mほどの方墳に復元できる。古墳の時期は、周溝からわずかに出土した土師器から、獅子塚古墳とほぼ併行する古墳時代前期末葉（集成編年4期、4世紀後葉）前後と考えられる。

おわりに―課題と展望―

最後に、今後の課題と展望をまとめ、終わりとしたい。

現時点で筆者は、桜井古墳群について鈴木和雄らが想定した二子古墳を中心とする桜井古墳群に古井町の古墳を含めた一群、姫小川古墳を中心とする姫小川古墳群の大きく二群が存在したことを想定している。そして、両群の地域首長が輪番制のもと、古墳時代前期から中期初頭にかけての100年あまりの間、生産基盤としての鹿乗川流域遺跡群を含め、矢作川流域を代表するような安定的な勢力を誇っていたものとみている[5]。ただし、これは前述のわずか数基の古墳から導き出した仮説であり、今後の研究課

第1章 桜井古墳群・鹿乗川流域遺跡群とは何か

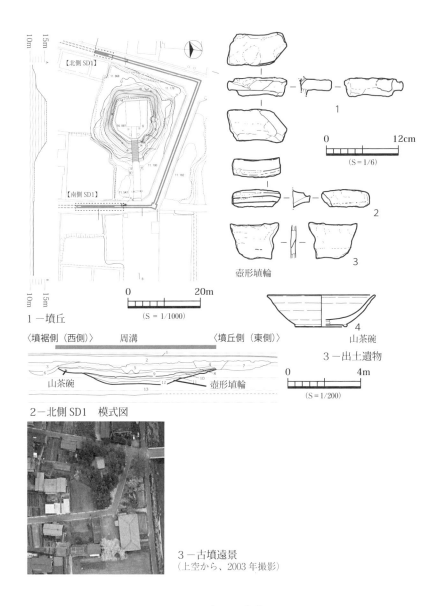

図5 獅子塚古墳

1 桜井古墳群の概要

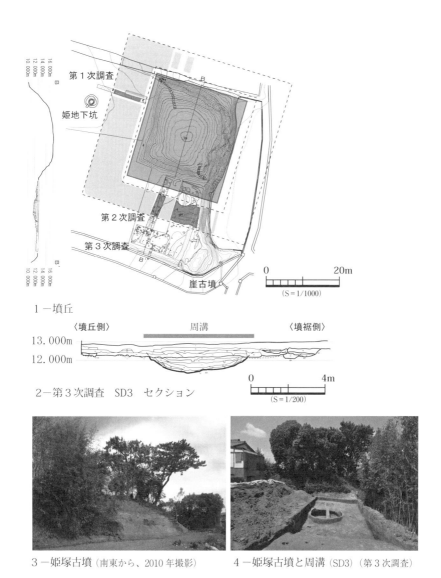

1－墳丘

2－第3次調査　SD3　セクション

3－姫塚古墳（南東から、2010年撮影）　　4－姫塚古墳と周溝（SD3）（第3次調査）

図6　姫塚古墳

第1章 桜井古墳群・鹿乗川流域遺跡群とは何か

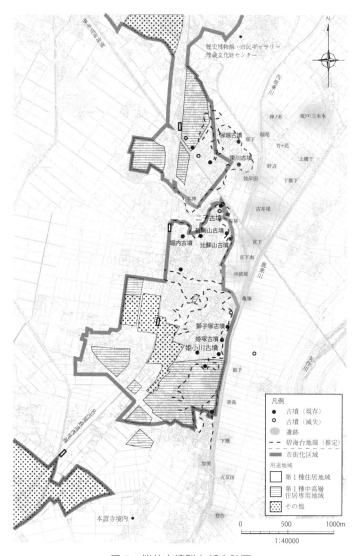

図7 桜井古墳群と都市計画

題としては、古墳の墳形・墳丘規模が判明していないその他多くの古墳の基礎情報の蓄積が重要になる。

　こうした研究課題とともに、近年急速な発展を遂げる安城市の社会的環境の変化にも課題がある。安城市の人口は、桜井町と合併し現市域（86.05㎢）が確定した1967年の84,067人から、2016年にはおよそ2.2倍の186,755人となっている。また、この間の土地利用割合も田畑の減少（63.3％→43.9％）と宅地の増加（17.5％→26.8％）の変化をみる。桜井古墳群は市街化調整区域（64.47㎢）の二子古墳・塚越古墳など一部を除けば、市街化区域（21.54㎢）に属しており、大半の古墳の周囲では開発圧力が高い状況にある。

　こうした古墳の保存管理の課題を受け、平成26年度には桜井古墳群保存管理計画検討会議が組織され、保存管理計画の策定、あわせて活用整備基本構想の基本方針がまとめられている（安城市教育委員会2015b）。ここでは、「三河国、ここにはじまる」を保存管理計画・活用整備基本構想のキャッチフレーズとし、およそ5年ごとに短期計画、中期計画、長期計画の三時期にわけた事業計画が設定されている。調査研究では古墳の範囲確認調査を継続すること、保存管理では墳丘崩落の恐れがある姫小川古墳を皮切りに墳丘を保護することなどが計画されている。また、これと同時に本計画の主体となる「ひとづくり」についても本書の発端ともいえる桜井地区文化財保存会と合同でのパネルディスカッションの開催、地元の桜井中学校の総合学習などの普及啓発活動に取り組んでいる。

　桜井古墳群を守り伝える動きは、今まさに始まったばかりである。

註
(1)　名古屋市博物館記録調査の堀江瀧三郎氏旧蔵品『尾三出土古鏡譜』には、「桜井村」出土とされる四獣形鏡（面径9.1cm）の拓本が掲載されている。森泰通氏のご教示によるもので、名古屋市博物館岡村弘子氏に情報を提供いただいた。桜井古墳群中から出土した遺物かどうかの詳細は不明だが、こうした資料の存在についても触れておきたい。
(2)　二子山天神（桜井天神社）は、1914（大正3）年に桜井神社に合祀され、後円部墳頂に標柱が残されている。

(3) 「薬王」は、1975 年に前方部墳頂から前方部南側に建替えられた薬師堂とみられるが、この薬師堂は 1840 年浅間神社本地仏を分離安置したものと伝わっており、絵図作成時期と齟齬がある。
(4) 壺形埴輪は突帯が非常に張り出したものもみられることから、鍔付壺形埴輪の存在も想定される。鈴木一有氏のご教示による。
(5) かつて筆者は、桜井古墳群における主要古墳の墳丘形態等から、二子古墳と姫小川古墳については古墳一小様式ほどに収まる期間内に築かれたものと想定して論を構成していた（西島 2010 ほか）。しかしながら、その後の調査蓄積等を踏まえ、「（桜井古墳群）は北群が南群より若干先行」するものと認識を改めている（西島 2013 ほか）。

補遺　2016 年 12 月から 2017 年 1 月にかけて姫小川古墳の範囲確認査が実施された（第 3 次調査）。調査範囲は図 3（28-1〜4 トレンチ）にあたる。調査の結果、くびれ部、前方部前端隅などの形状を把握し、これまで想定されたよりも長楕円形の後円部と短い前方部による墳丘長 66m ほどの前方後円墳に復元できる。後円部には 3 段築成の可能性のある緩やかな平坦面も確認されている。また、くびれ部からは壺形埴輪の破片もわずかながらも出土しており、築造時期はこれまでよりやや新しく、古墳時代前期中葉から後葉（集成編年 3〜4 期、4 世紀中葉から後葉）に位置づけられる。塚越古墳との前後関係については今後の調査蓄積を待ちたい。

主要引用・参考文献

加納俊介　2004「二子古墳」「姫小川古墳」『新編安城市史　10　資料編考古』安城市

川﨑みどり　2004「獅子塚古墳」「姫塚古墳」『新編安城市史　10　資料編考古』安城市

北村和宏　2004「塚越古墳」『新編安城市史　10　資料編考古』安城市

西島庸介　2010「三河における前期古墳の研究」『安城市歴史博物館研究紀要』No.17

西島庸介　2013「桜井古墳群の出現とその背景」『変貌する弥生社会　安城市鹿乗川流域の弥生時代から古墳時代』考古学フォーラム 2013

西島庸介　2016「桜井古墳群の調査と整備〜保存管理計画の策定から〜」『古墳の調査と整備―保存と活用を考える』第 26 回考古学研究会東海例会

＊このほかの関連書籍については巻末の「桜井古墳群をもっと知るために」参照。

2 矢作川流域の前期古墳
―賀茂郡の古墳を中心に―

森　泰通

はじめに

　西三河を北から南へ貫流する矢作川流域には、前期から中期前葉の古墳が30基余り確認できる。ここでは、最大規模を誇る桜井古墳群以外の前期古墳を律令期の郡域ごとに概観するとともに、最も内陸に位置する賀茂郡（豊田市）の前期古墳を議論の俎上に載せておきたい。

1　矢作川中・下流域の前期古墳

(1) 幡豆郡の古墳（西尾市）

　西尾市の北部には、安城市姫小川古墳から南3.2kmの矢作川対岸に、前期末葉の五砂山古墳（径21mの円墳／定角式の鉄鏃などの武器や工具を出土）が単独で立地している。河口部では、姫小川古墳の南約8kmに位置する岡山丘陵に、前期後葉から中期前葉にかけて、吉良八幡山古墳（墳長66mの前方後円墳）、若宮1号墳（墳長30mの円墳か方墳／四獣形鏡出土）、善光寺沢南古墳（墳長30m強の方墳）が継続的に造営される。同じ丘陵上には、善光寺沢南古墳に在地色の強い壺形埴輪を供給した中根山遺跡があり、南西約1kmには前期後半を中心とした外来系土器を出土する渡舟場遺跡なども展開するため、まとまりをもった1つの領域とみなし得る。一方、岡山丘陵での古墳造営が終わる中期前葉には、6km南に墳長94mの前方後円墳である正法寺古墳が出現する。三河湾に突き出た半島の先端に位置するいわゆる海浜型前方後円墳で、この場所が矢作川の旧河口部にもあたるため、水上交通との強い関わりを想起させる。正法寺古墳は墳丘規模が卓越するとともに、墳丘形状や埴輪は倭王権との結びつきを強く示しており、より広い視野で被葬者を理解していく必要がある。

第1章　桜井古墳群・鹿乗川流域遺跡群とは何か

（2）碧海（へきかい）郡・額田（ぬかた）郡の古墳
（岡崎市）

矢作川流域で最も早く埴輪が導入された地域である。桜井古墳群と同じ矢作川右岸の碧海郡には、安城市塚越（つかごし）古墳の北東3.8kmに和志山（わしやま）古墳（墳長60m以上の前方後円墳）があり、左岸の額田郡には於新造（おしんぞう）古墳（墳長42mの帆立貝式古墳）や甲山（かぶとやま）1号墳（直径60mの円墳か墳長120mの前方後円墳）が位置する。いずれも副葬品が明らかではないが、円筒埴輪（図2）は最上段の突帯から短く強く外反する特徴的な口縁形態となる。大和東南部から南勢、伊勢湾、そして矢作川を経由して伝播・変容した系譜で、前期後葉から末葉に位置づけられる。なお、甲山1号墳は、墳長120mの前方後円墳とする復元案（北村2009）によれば三河最大規模となり、墳丘は後円部3段、前方部2段築成となる可能性が高い。葺石・埴輪も認められるため、本墳は三河における定型化した大型前方後円墳の出現を告げるとともに、正法寺古墳と同じく倭王権と関係をもち、広域に支配権が及ぶ首長の存在を窺わせている。

図1　矢作川流域の前期から中期前葉の主要古墳（西島2012改変）

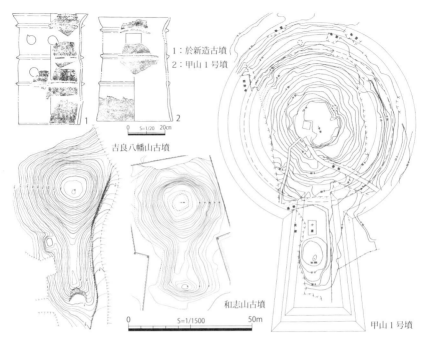

図2　幡豆郡・碧海郡・額田郡の前期古墳と埴輪

2　矢作川中流域最上部に位置する賀茂郡の前期古墳（豊田市）

　古代の矢作川は、人・モノ・情報が行き交う西三河の大動脈であった。岡崎市於新造古墳の北側12kmほどは前期古墳が空白となるが、川舟が遡上し得る最奥部にあたる矢作川中流域最上部の両岸には、前・中期古墳がまとまって存在している。幡豆郡の前・中期古墳が三河湾を望み、外界に向く開放的なイメージであるのに対し、賀茂郡の前期古墳は、矢作川が山間部を抜けてようやく沖積低地を形成し始める手前の段丘上に位置し、空間的には閉鎖的なイメージが強い。百々古墳まで内陸へ遡ること、矢作川河口部の正法寺古墳から約36km、桜井古墳群から約20km。賀茂郡の前期古墳は、まさに矢作川による大動脈の末端に位置する。

（1）矢作川左岸

　矢作川に面した段丘上1.4kmの間に、9基以上の前・中期古墳が分布する。

周辺は大正期に徹底した開墾が行われており、墳丘を留める古墳は 1 基のみである。前期に属する可能性が高いのは、百々古墳と古鼠坂古墳の 2 基で、その他には「鐵鎧」が出土したとされる百々池下古墳や、岩長遺跡の小規模な円・方墳などがある。6 世紀前半頃の四獣形鏡を出土した記録が残る古鼠坂上古墳も、後続する古墳として注目される。

百々古墳は正確な位置や墳丘の情報を欠くが、矢作川に面した独立丘陵状の地形の頂部が最有力であり、そこに立地し得る墳丘は最大でも 30m クラスの円・方墳か、そこに前方部が取り付く形態と考えられる。出土品としては、現状では三河唯一の三角縁神獣鏡がある。京都府椿井大塚山古墳の 2 面と兵庫県権現山 51 号墳の 1 面と同じ笵（鋳型）で鋳造された、もしくは同型である本鏡は、三角縁神獣鏡の中で最も古い一群に属している。三角縁神獣鏡を、中国の魏晋王朝が邪馬台国や初期大和政権に対して特別に製作して与えた特鋳鏡と考える福永伸哉は、本鏡を含む最古段階の鏡は 239（景初 3）年の朝貢に際して日本にもたらされたもので、3 世紀半ばまでには中央政権から地域に配布された一群とする（福永 2005）。鏡が副葬されるまでに使用・保管された期間をどれだけ見積もるかによるが、三角縁神獣鏡の一般的な副葬状況から判断すれば、百々古墳は遅くとも前期後葉の 4 世紀前半までには築造されていた可能性が高い。

百々古墳推定地の北東 0.6km 付近にあった古鼠坂古墳からは、内行花文鏡が出土している。現在は拓本の情報が残るのみであるが、4 世紀代の倭鏡である。本鏡は小牧市小木地区出土の内行花文鏡を原鏡として、これに銘帯を加えて製作されたとする意見があり、本鏡を踏返すなどして安城市八ツ塚古墳出土鏡が製作されていく小木鏡系という系列や、地域的な鏡生産が推測されている（赤塚 1998）。矢作川流域に位置する本墳と八ツ塚古墳の鏡が酷似することは、鏡の製作や配布を考える上で興味深い。

（2）矢作川右岸

籠川が形成した沖積低地を見下ろす段丘縁辺に、前・中期古墳 3 基がある。宇津木古墳は直径約 30m の円墳か墳長 54m ほどの前方後円墳であり、明治期に後漢鏡と考えられる内行花文鏡が出土している。鏡の型式は紀元 1 世紀に位置づけられるため、製作地の中国や舶載された日本列島にお

いて長期にわたり使用・保管された伝世鏡、あるいは後代に鏡に粘土を押しつけて文様を写し取り、鋳型を複製して製作された踏返し鏡と考えられる。後続する井上1号墳（直径30mの円墳）が5世紀前葉、同2号墳（直径20mの円墳）が5世紀後葉に位置づけられるため、本墳は前期末葉を前後する4世紀後半頃の築造である可能性が高い。

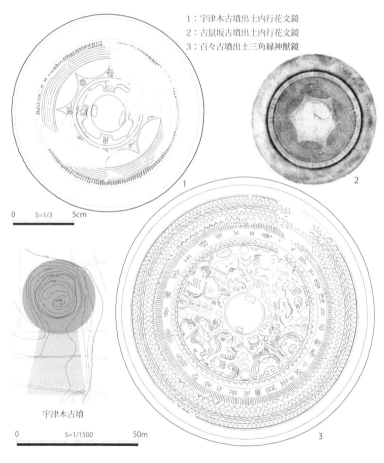

図3　賀茂郡の前期古墳と鏡

3　賀茂郡の前期古墳と周辺集落の関係

　左岸の前期古墳と時期的に並行する集落は、弥生時代中期から継続する高橋遺跡である。弥生時代終末期から古墳時代前期にかけて140棟以上の竪穴建物が確認される拠点集落であるが、環濠をもたず、土器製作にタタキ板を用いるような外来系土器は少ない。その中で、大型土坑（13-ホSX02）出土の羽状タタキを施された甕（図4-1）は生駒西麓産の胎土である可能性が高く、古墳時代前期初頭の3世紀中頃までに河内か大和の庄内式甕が持ち込まれたと考えられる。また、時代は下るが、古墳時代中期前葉以降の堂外戸（どうがいと）遺跡には大型竪穴建物が継続的に営まれている。6世紀後半には集落の北側に、1辺9mの大型竪穴建物や倉庫群、広場、独立棟持柱建物、区界施設で構成される特別な空間が出現し、集落内に居住する地域首長の姿が顕在化している。

　一方、右岸の前期古墳すなわち宇津木古墳は、籠川を隔てた南西1.6kmに位置する梅坪遺跡との関係が想定される。弥生時代終末期から古墳時代前期の竪穴建物が50棟以上確認され、4世紀後葉から5世紀前葉に盛期を迎えている。さらに注目すべきは、宇津木古墳の北西約4kmに位置する伊保（いぼ）遺跡のうち、北側に離れて存在する柵口地区である。溝状遺構に196個体以上の土器が据え置かれた状態で出土したが、そのうちタタキ調整をもつ広義の畿内系土器（図4）が、平底甕60個体、小型甑12個体、壺3個体と4割近くを占める。在地の土器には、台付甕40個体、高杯50個体などがある。伊保遺跡のタタキ甕は、高橋遺跡の羽状タタキ甕に近い時期の3世紀中頃の土器と考えられる。ただし、高橋遺跡のような畿内中枢部の丸底・尖り底の庄内式甕ではなく、畿内周縁部に分布する平底のV様式系甕であり、安城市の鹿乗川流域遺跡群のタタキ甕と同様である。搬入品ではなく、在地の粘土で作られている。

　さて、煮炊き用の甕の6割を外来系のタタキ甕が占める現象を、我々はどのように理解すれば良いのだろうか。一定量の小型甑が存在して「蒸す」調理が定着していることも県内では例がなく、畿内的な食様式を示している。地床炉に台付甕を据えて煮炊きしていた西三河の人々にとって、平底のタタキ甕は形状も作り方も使用方法も異質なものであるため、伊保

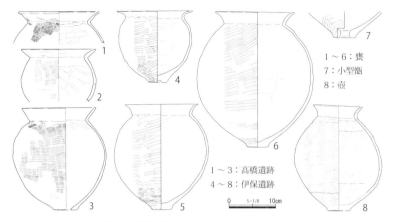

図4　賀茂郡出土のタタキ調整をもつ土器

遺跡の北側にやってきた移住者たちが、日常的な調理具については故郷のスタイルを堅持したと考えたい。出自については、タタキ甕が弥生時代終末期から存在する鹿乗川流域からの系譜も想定されるが、これほど集中した出土例はなく、別次元のインパクトがあったのではないだろうか。加藤安信は、畿内政権と対立を強めた尾張・美濃・北勢などの伊勢湾地域王権がタタキ甕を「積極的拒否」したと解釈し、タタキ甕はそれらを包囲するように分布すること、伊保遺跡が尾張に対峙する位置関係にあることを指摘した(加藤1998)。時代は異なるが、近世に尾張・三河・信濃を結んだ伊奈街道を伊保遺跡から西へ3km余り進むと、尾張との国境に至る。また、賀茂郡の前期古墳や伊保遺跡の周辺は、織豊時代には三河国でありながら、松平ではなく織田領であった。この地域を押さえることで、織田信長は東方や美濃へのルートを確保したのである。逆に言えば、伊保遺跡は尾張に対する橋頭堡(必ずしも軍事的な強い対立関係を考える必要はないが)としての位置づけも可能なのであり、その上でこの地にタタキ甕を用いた集団が居を構えた意味を考える必要もあるだろう。

　賀茂郡の前期古墳が立地する付近は、近世・近代において矢作川最奥部の川湊が存在した場所で、両岸には土場が並び、水陸交通の結節点となっていた。右岸側は尾張・美濃・信濃に通じるルートの分岐点にあたり、左

岸側の古鼠や百々の土場で荷揚げされた塩をはじめとする物資は、馬に積み替えられて遠く信濃まで運ばれていた。賀茂郡の前期古墳の被葬者たちは、こうした水陸交通の結節点を掌握し、川湊やそれに付随したであろう市などを管理する権益を有していたと推測される。矢作川流域の首長などが美濃・信濃や山間部と交易するためには、賀茂郡の交通の結節点を経由することが不可欠であり、この地に物流をはじめとするネットワークの拠点が形成されていた可能性が高い。このネットワークは、矢作川・三河湾・伊勢湾を経由して伊勢・伊賀・大和にも通じており、賀茂郡の拠点はそこからもたらされる人・モノ・情報などを、さらに内陸部へ伝えていく役割も担っていたと考えられる。

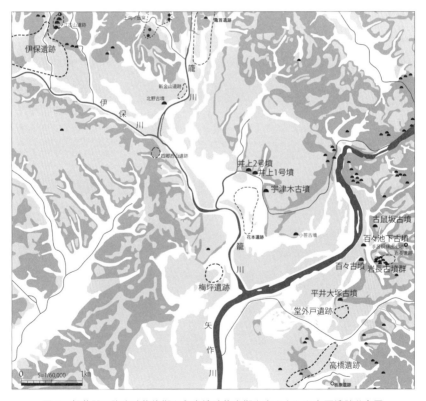

図5　賀茂郡の弥生時代後期から古墳時代中期を中心とした主要遺跡分布図

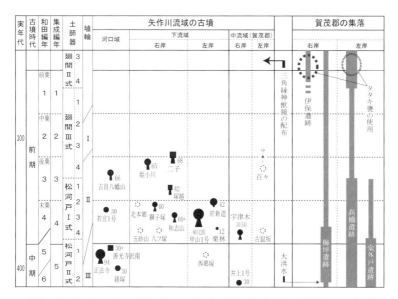

図6 矢作川流域の前期から中期前葉の古墳と賀茂郡の集落（西島2012改変）

　ところで、矢作川流域の前期古墳から出土した中国鏡は、現状では賀茂郡の百々古墳と宇津木古墳の２面のみである。賀茂の首長が独自に中国鏡を入手できたとは考えがたいため、これらは畿内から分与されたと理解するのが妥当であろう。最古段階の三角縁神獣鏡が百々古墳に副葬された事実は、倭王権が早くからこの地域の役割を重視し、この地域の支配者の権力を承認したことを物語っている可能性が高い。

　前述したように、百々古墳の最古段階の三角縁神獣鏡が配布された時期は、高橋遺跡や伊保遺跡においてタタキ甕が用いられた古墳時代開始期、すなわち３世紀中頃が想定されている。この段階の三角縁神獣鏡は濃尾平野低地部に少なく、近江南部や遠江などの周辺地域に顕著であることから、邪馬台国や初期大和政権による東海勢力への包囲網的な政策を想定する意見もある（福永2005）。

　弥生・古墳時代を通じて外来系土器に乏しく、比較的閉鎖的な地域であった賀茂郡において、我々は今、鏡とタタキ甕という歴史の断片を取り出しているに過ぎないが、３世紀中頃には畿内を淵源とする人・モノ・情報が

この地にも確実にもたらされているのであり、両者には「倭王権との関係性樹立」という相関する歴史的意義があったと考えられる。

おわりに

　古くから海と内陸を結ぶ水陸交通に関わりをもっていたであろう賀茂の首長は、地の利を生かして次第に重要な位置を占めるようになり、古墳時代前期には倭王権との関係を成立させていったと考えられる。賀茂郡の前・中期古墳のほとんどは、墳丘が開墾によって姿を消したという状況を鑑みれば、下流に位置する前期古墳群に比べて、墳丘規模などは劣っていた可能性が高い。しかしその一方で、優れた副葬品をもち得た背景には、政治的よりも社会経済的な側面がより強く作用していたのではないだろうか。

主要引用・参考文献

赤塚次郎 1998「東海の内行花文倭鏡」『考古学フォーラム』9、考古学フォーラム

加藤安信　1998「伊勢湾地域の叩き甕」『楢崎彰一先生古希記念論文集』真陽社

北村和宏　2009「甲山1号墳の再検討─三河国最大級の前方後円墳か─」『三河考古』20、三河考古刊行会

西島庸介　2012「古墳出現前後の三河」『尾張・三河の古墳と古代社会』同成社

福永伸哉　2005『三角縁神獣鏡の研究』大阪大学出版会

三田敦司　2017「正法寺古墳の出現と矢作川河口地域の古墳時代中期の動向」『三河と伊勢の海─古墳時代の海道を往還する─』海の古墳を考える会

森　泰通ほか　2015『新修豊田市史 資料編 考古Ⅱ 弥生・古墳』豊田市

3 鹿乗川流域遺跡群の概要

岡安雅彦

はじめに

　岡崎市島坂町から安城市寺領町にかけての鹿乗川・西鹿乗川流域には、南北約5kmにわたって連綿と遺跡が分布しており、これらを総称して鹿乗川流域遺跡群とされている。遺跡群は、位置的に大きく北群と南群の2地区に分けられ、北群は坂戸、神ノ木、上橋下・下橋下、古井堤、彼岸田、中狭間、亀塚、本神の各地区から、南群は姫下、寄島、下懸、五反田、加美、惣作の各遺跡から構成されている[1]。ここでは鹿乗川流域遺跡群の概要を紹介する。

1 鹿乗川流域遺跡群の調査研究史

　鹿乗川流域遺跡群のうち、亀塚遺跡以北の遺跡については1960年代から安城市教育委員会等による調査の積み重ねによって、これらの遺跡が西三河を代表する弥生時代から古

図1　鹿乗川流域遺跡群の地区区分

墳時代にかけての集落であるという評価が高まった。1984（昭和59）年には神谷友和によって「古井遺跡群」と呼ぶことが提唱された（神谷1985）。1998（平成10）年から2002年にかけて行われたほ場整備に伴う安城市教育委員会の発掘調査などにより、遺構・遺物の情報は飛躍的に増加し、その調査成果は2000年以降、『鹿乗川流域遺跡群』として刊行され始めた。一方、1996年以降に始まったによる上橋下遺跡を嚆矢とする、主に鹿乗川拡幅工事に伴う発掘調査によって、亀塚遺跡より南側に位置している姫下遺跡・寄島遺跡・下懸遺跡・五反田遺跡・惣作遺跡などの遺跡についても、弥生時代から古墳時代にかけての集落遺跡としての様相が次第に明らかとなってきた。最近では最も南側に位置する寺領町の惣作遺跡までを含めて鹿乗川流域遺跡群として扱うことが定着しつつある。

2　鹿乗川流域遺跡群の変遷
（1）弥生時代前期

鹿乗川流域遺跡群で最初に集落の形成が始まるのは弥生時代前期で、北群の中狭間地区と南群の惣作地区で認められる。中狭間地区では焼土面に条痕文土器が伴って出土し、この上層では、条痕文土器や遠賀川系土器壺が出土している。南群は、惣作遺跡においてわずかではあるが該期の遺構・遺物が確認されている。いずれの地区も、遺構・遺物の量は限られており、集落としても沖積地上に進出が始まった初期段階の、小規模なものであった可能性が高い。

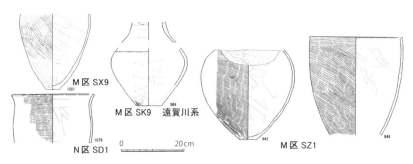

図2　中狭間地区出土の弥生時代前期の土器

3 鹿乗川流域遺跡群の概要

(2) 弥生時代中期

 中期前葉は、北群では古井堤地区・中狭間地区でまとまった遺構・遺物が確認できる他、上橋下・下橋下地区でも、わずかながら遺構・遺物が確認できる。前期には小規模であった集落が、この時期には規模を拡大したことを物語っている。南群では、惣作遺跡において当該期の竪穴住居等が検出されており、引き続き小規模ながら集落が継続していたようである。

 中期中葉には、北群では引き続き中狭間地区で多量の遺物が出土し、住居址も1棟検出されている。上橋下・下橋下地区でも狭い範囲ではあるが、遺構・遺物が検出されている。南群は、惣作遺跡でわずかに遺構・遺物が確認できる程度である。

 中期後葉は在地の古井式土器と、西方からの影響による凹線文系土器が共伴して出土する時期であるが、北群では上橋下・下橋下地区以外は、ほとんど確認できず、この地区が中核的な集落として存在していたと考えられる。南群は、下懸遺跡・加美遺跡・惣作遺跡で遺構・遺物が確認できるが、いずれも小規模なものである。

(3) 弥生時代後期・終末期

 北群では上橋下・下橋下地区が、南群では、惣作遺跡が引き続き中心的な集落となっている。上橋下遺跡と神ノ木遺跡でこの時期の方形周溝墓が検出され、墓域を形成している。彼岸田地区もこの時期から居住域となっていくようである。

 終末期は、鹿乗川流域

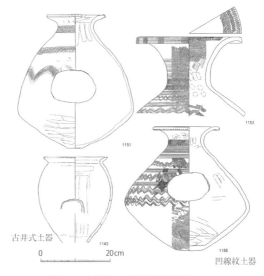

図3 上橋下・下橋下地区出土の弥生時代中期後葉の土器

第1章 桜井古墳群・鹿乗川流域遺跡群とは何か

遺跡群の各地区で最も多く遺構・遺物が検出される段階で、各地区で盛期を迎えるようである。上橋下・下橋下地区はこの時期の溝が複数条確認されており、環濠となる可能性があるが、そうだとしても全周するのではなく、西側の西鹿乗川を利用して区画している可能性が高い。中狭間地区ではこの段階から再び遺構・遺物が確認され始める。亀塚遺跡はこの時期を中心とした遺跡で、遺構は不明瞭であるが、人面文土器をはじめとした線刻資料が21点、南関東系などの外来系土器が多数出土しており、注目される。本神遺跡はこの時期を中心とした台地上の環濠集落で、畿内系の叩き甕が多数出土している。南群では下懸遺跡で大量の土器廃棄が見られ、遺構も調査区全域で確認できるなど、盛期を迎える。外来系土器も北陸・山陰系、南関東系、畿内系、遠江・駿河系など13点が出土したほか、線刻土器、木製短甲なども出土している。五反田遺跡もこの時期から古墳時代前期の遺跡で、方形周溝墓と考えられる遺構が複数検出されていることから、北側に隣接する下懸遺跡の墓域であった可能性が高い。惣作遺跡は後期ほどではないものの、引き続き遺構・遺物が見られ、集落が継続している。

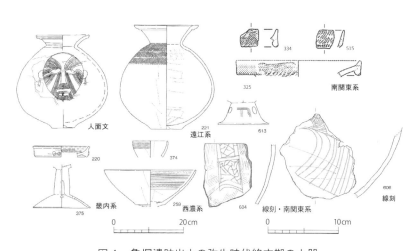

図4　亀塚遺跡出土の弥生時代終末期の土器

3　鹿乗川流域遺跡群の概要

（4）古墳時代前期

　北群では中狭間地区と神ノ木地区、南群では姫下遺跡と惣作遺跡が中心となっている。中狭間地区ではトレンチ調査にもかかわらず、竪穴住居が多数検出され、この時期の中心的な集落であったと考えられる。また、北陸系土器が46点出土していることが注目される。弥生時代後期には墓域であった神ノ木遺跡では、この時期から竪穴住居が見られるようになり、居住域へと変化している。古井堤地区では、この時期の大型の溝状遺構が検出され、赤彩・底部穿孔などが見られる二重口縁壺が9点出土している。トレンチ調査のためはっきりしないが、古墳の周溝の可能性があり、これらの土器は、その供献土器と考えられる。古井堤地区の南側を中心に住居・井戸などの遺構が見られ、中期にかけての北群の中核的な集落となっている。

　なお、弥生時代以来継続的に営まれている北群の集落に対応する古墳としては、隣接する台地上に築造されている全長68ｍの前方後方墳である二子古墳、全長42ｍの前方後円（方）墳である塚越古墳が挙げられるが、両者ともこの時期の築造である。

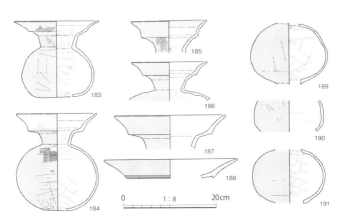

図5　古井堤地区SX1出土の古墳時代前期の土器

南群は姫下遺跡がこの段階に盛期を迎えている。遺物には人面文などの線刻資料の出土に加え、畿内の布留系の土器が多量に出土している。布留系土器がこれだけ出土した遺跡は東日本ではほとんどない。遺跡のすぐ西側の台地上に造営された全長65mを測る姫小川古墳は、前方後円墳であり、両者の関連が注目される。また、至近距離にある南北28m、東西25mの方墳である姫塚古墳や、墳丘は滅失しているが、内行花文鏡が出土したとされる八ツ塚古墳もこの時期の築造と推定されている。姫下遺跡以外では、寄島遺跡、下懸遺跡、惣作遺跡も前時期から継続しているよう

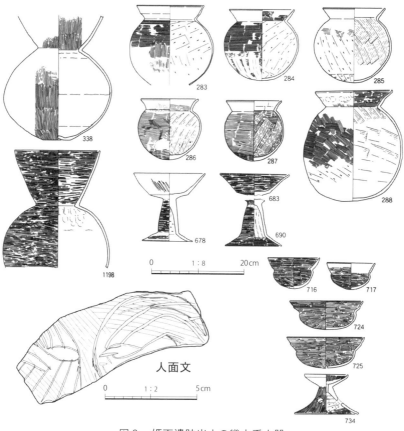

図6　姫下遺跡出土の畿内系土器

だが、この時期の末には、南群の遺跡は北群の遺跡よりも一足先に衰退に向かう。なお、寄島遺跡では、この時期の方墳または前方後方墳の周溝の一部である可能性がある遺構が検出されており、北群と同様に台地上だけではなく、沖積地においても古墳の築造が開始されていた可能性があることは注意すべきである。

（5）古墳時代中期

 北群では上橋下・下橋下地区、古井堤地区、彼岸田地区と神ノ木地区が中心的な居住域となる。彼岸田地区では遺跡群内で確認できる最古の竈を伴う住居が確認される他、上橋下・下橋下地区では、竪穴住居と認定できなかったが、竈を伴う住居内の土壙である可能性が高い遺構が検出されており、引き続き居住域として利用されている。古井堤地区、神ノ木地区でも前期から居住域が継続している。坂戸地区では祭祀遺構から、多量の土器と滑石製勾玉形石製模造品などが出土している。

 南群では、この時期には前期の姫小川古墳、姫塚古墳に続いて、桜井古墳群唯一の埴輪を出土した全長40m以上の前方後円（方）墳である獅子塚古墳が築造されるが、現時点ではこれに対応する集落遺跡は見つかっていない。北群ではこれ以降は散発的に遺物が見られる程度となり、集落としては一旦途切れるないしは極めて希薄となるようだ。

3　まとめと課題

 本遺跡群における集落は弥生時代前期に北群の中狭間地区・南群の惣作遺跡において始まり、中期前葉には古井堤地区、上橋下・下橋下地区、坂戸地区にも拡大する。中期前葉の矢作川流域の遺跡としては比較的規模の大きな遺跡群であり、この時点で西三河の中核的な集落の1つとなっていたと考えられる。凹線文系土器が波及する中期後葉になると、北群では集落はほぼ上橋下・下橋下地区に限定され、本遺跡群の中での大きな画期を迎える。後期から古墳時代前期にかけては、遺跡群のほぼ全域で遺構が見られ、遺物の量も多量で、他地域との交流拠点としての機能も持つなど、遺跡群を通して最盛期を迎える。古墳時代前期には、二子古墳、姫小川古墳、塚越古墳、姫塚古墳が築造される。南群の集落は古墳時代前期をもっ

て一旦集落が見られなくなる。古墳時代中期には、北群の古井堤地区、神ノ木地区が中核的な集落で、上橋下・下橋下地区、彼岸田地区、中狭間地区、坂戸地区にも同様に集落が展開していたと考えられる。北群もこの時期までは遺構・遺物が見られるが、後期以降は非常に少なくなり、集落としては中期をもって一旦衰退していくと考えられる。再び遺構形成が活発になるのは7世紀後半から8世紀に入ってからのことである。

鹿乗川流域遺跡群の特徴は、第1に弥生時代から古墳時代にかけての西三河南部における拠点的な集落であることである。規模が大きいだけではなく、地区により消長があるものの、弥生時代前期から古墳時代中期にかけて、ほぼ途切れることなく遺物が出土しており、継続的な集落の営みが確認できる西三河では数少ない遺跡群である。

また、弥生時代後期から古墳時代前期にかけて、多量の外来系土器が出土することも大きな特徴である。北群と南群の総数は680点を数え、全国的に見ても非常に多く、尾張・西濃・伊勢といった伊勢湾沿岸地域はもとより、近畿地方や北陸地方、遠江～相模、南関東地方までの中での交流が認められる。一方、東日本各地で出土する土器には、西三河の特徴を持つものが少なからず認められる。また、人面文をはじめとする土器線刻も、東海地方では大垣・一宮・清洲と鹿乗川流域遺跡群に集中して分布しており、古墳時代には東日本にも波及する。このように外来系土器や線刻土器の動きから、古墳時代開始期における東日本地域の動向に、西三河における交流拠点であった鹿乗川流域遺跡群が重要な役割を果たしていることが指摘されている（北島2002）。

弥生時代末から古墳時代前期にかけては、全国各地で外来系土器を出土する他地域との交流拠点となる集落が目立つようになるが、西三河における交流拠点がこの鹿乗川流域遺跡群であった。他地域の交流拠点は、海岸に面した潟湖周辺に立地することが多いが、海に面した西尾市域ではなく、やや奥まった鹿乗川流域遺跡群に交流拠点となる集落が営まれた意味は今後の検討課題である。

また、鹿乗川流域遺跡群と、桜井古墳群との関連はどうであろうか。桜井古墳群は、北群の二子古墳と南群の姫小川古墳を契機に、前期のうちに

3 鹿乗川流域遺跡群の概要

表1 鹿乗川流域遺跡群の地区ごとの消長

群区分	地区・遺跡名	樫王	水神平	岩滑	古井堤	瓜郷	古井	長床	八王子	山中	欠山	元屋敷古	元屋敷新	神明I	神明II	神明III	神明IV
北群	坂戸地区																
	神ノ木地区																
	彼岸田地区																
	上橋下・下橋下地区																
	古井堤地区																
	中狭間地区																
	亀塚地区																
	本神地区																
南群	姫下遺跡																
	斎島遺跡																
	下懸遺跡																
	加美遺跡																
	五反田遺跡																
	惣作遺跡																

遺構・遺物量　多量　中量　少量

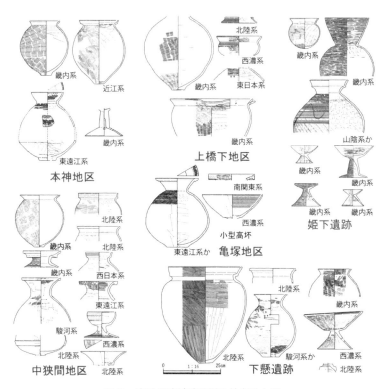

図7 鹿乗川流域遺跡群の外来系土器

北群の塚越古墳、南群の姫塚古墳・八ツ塚古墳が、中期初頭までに南群の獅子塚古墳が築造される。沖積地の鹿乗川流域遺跡群と碧海台地上の桜井古墳群は非常に近接して立地しており、相互に密接に関連して存在していたとしてよいだろう。ただ、碧海山古墳など、時期が確定されていない古墳もあり、集落が古墳時代中期までは確認出来ることから、これらの集落に対応する時期の古墳である可能性も考えられ、古墳の基礎情報の収集も必要である。さらに、全容は明らかではないが、二子古墳・姫小川古墳とほぼ同時期に、古井堤地区SX1のように沖積地において周溝を伴う古墳の可能性が高い墳墓が出現していることは注意すべきであり、台地上の古墳との関連も今後の検討課題である。

このような特色を持つ鹿乗川流域遺跡群と桜井古墳群は、弥生時代から古墳時代にかけての地域社会の成り立ちと展開を考える上で大きな学術的な価値を持つものであり、安城市のアイデンティティーを特徴付けるという点においても重要な意味を持っている。

これら遺跡群や古墳の、保存と活用を図りつつ、後世に守り伝えていく事が安城市にとっても今後ますます重要となって来るであろう。そのためには行政や研究者の力だけでは不十分で、地域の方々の協力なくしては不可能であると考える。調査研究はもちろんのこと、それらの成果を地域の方々に理解してもらい、また一緒にこの歴史的遺産を守り伝えていく努力をしていきたい。

註
（1） 行政的に設定された遺跡の範囲は、必ずしも発掘調査で明らかとなった遺構のまとまりとは一致しない。このため、遺跡群全体の大きなまとまりとして北群と南群を設定し、さらに各群の遺構のまとまりや密度・性格等を加味して地区を設定した。

主要引用・参考文献
愛知県埋蔵文化財センター　2009a『下懸遺跡』
愛知県埋蔵文化財センター　2009b『惣作遺跡』
愛知県埋蔵文化財センター　2012a『姫下遺跡』

愛知県埋蔵文化財センター　2012b『惣作遺跡』
安城市教育委員会　1998『本神遺跡』
安城市教育委員会　1999『中狭間遺跡』
安城市教育委員会　2002『鹿乗川流域遺跡群』
安城市教育委員会　2004『鹿乗川流域遺跡群Ⅱ』
安城市教育委員会　2005『鹿乗川流域遺跡群Ⅲ』
安城市教育委員会　2006『鹿乗川流域遺跡群Ⅳ』
安城市教育委員会　2008『鹿乗川流域遺跡群Ⅴ』
安城市教育委員会　2009『鹿乗川流域遺跡群Ⅵ』
安城市教育委員会　2011『鹿乗川流域遺跡群Ⅶ』
安城市歴史博物館　2014『特別展大交流時代　鹿乗川流域遺跡群と古墳出現前夜の土器交流』
神谷友和　1985「亀塚遺跡と古井遺跡群」『安城歴史研究』10、安城市教育委員会

＊このほかの関連書籍については巻末の「桜井古墳群をもっと知るために」参照。

4 鹿乗川流域遺跡群周辺の遺跡
― 上条遺跡群を中心に ―

北島 大輔

はじめに

　筆者が『新編安城市史』編さん事業に携わった1990年代後半、鹿乗川流域遺跡群は古井遺跡群と呼ばれていた。東海地方を代表する一大集落遺跡として注目を集める存在ではあったが、北方に位置する上条遺跡群とは1kmほどの空白域があった。その後、安城市教育委員会や愛知県埋蔵文化財センターが精力的に発掘調査を実施し、鹿乗川流域遺跡群の範囲が予想以上に広がることとなった。上条遺跡群との間にみられた空白域にも坂戸三本木・圦上・万五郎・新造・福地などの遺跡が次々と発見され、一連の遺跡群として理解できる可能性さえ出てきた。総延長6kmに及ぶ集落遺跡群など、全国的にも聞いたことがない。

　新発見遺跡の報告書刊行が待たれる現状では、鹿乗川流域遺跡群と上条遺跡群とを一体とみなすのは時期尚早である。各地点の調査成果をひとつずつ整理したうえで空間的な連続性を確認する。こうした地道な基礎研究こそが今後の展望を切り拓く一番の近道である。

　そこで本稿では、筆者が知りえた情報をもとに上条遺跡群の把握につとめ、鹿乗川流域遺跡群との関係や、矢作川流域の集落動向のなかでの位置づけを考えてみたい。

1　上条遺跡群

　安城市歴史博物館から800m北西に根崎遺跡はある。その名のとおり、碧海台地から派生した舌状台地が南に伸び、広大な岡崎平野が眼前に広がる。根崎遺跡を中心に、南北700m、東西300mが上条遺跡群とされる範囲である（川﨑2004）。低地部での遺跡拡大が見込まれる現在、その規模を

4 鹿乗川流域遺跡群周辺の遺跡

確定することは難しい。
(1) 開発と保護との葛藤（図1）
　県下13番目の市として安城市が産声をあげたのは1952（昭和27）年。その頃、同市の上条町一帯には開発の波が押し寄せていた。安城北中学校の校庭拡張など、市街地での土地造成に対応するため、根崎の台地が土砂採取の対象となったのである。膨大な遺物が地中から姿を現すようになり、地元の考古学研究者や愛好家・学校教員・生徒たちが採集活動を行った。
　工事中の切通しで竪穴住居跡の土層断面を確認したのは深見文夫である。大参義一（1968）もまた、切通しの住居跡埋土から採集した古墳中期の土器群をもとに「上条期」を提唱した。遺跡の保全を訴える論説を中部日本新聞に発表したのは澄田正一である。しかし、考古学的な発掘調査が叶わぬまま根崎台地は3mほど削り取られてしまった。かつては、シゲ塚や雷塚などと呼ばれる塚状の高まりが数か所あったと1887（明治20）年の古地図は記すが、今となっては性格究明のすべがない。

図1　根崎台地での土砂採取（浄玄寺提供）

1975年からその翌年にかけ、主要地方道岡崎刈谷線の新設工事で再び根崎遺跡が削られ、根崎台地東端で大量の土器が出土した。通報を受けた安城市教育委員会は、同市の文化財保護委員や安城市埋蔵文化財等調査研究会に協力を求め、立会調査を実施した。その結果、丘陵上の弥生時代集落を取り囲む環濠の一部を検出し、コンテナ30箱にも及ぶ土器群を回収した。壊滅状態となった根崎遺跡の実像に迫る重要な手がかりとなる。やむにやまれぬ応急措置であったとはいえ、アマチュア考古学者や一般市民の献身的な参加があったことは特筆されてよい。2008（平成20）年刊行の『上条町史』は上条町内会有志の手によるもので、上条遺跡群の研究史や調査成果を収録する。こうした努力の積み重ねこそが、安城市が文化財保護体制を整える推進力となったのである。

(2) 採集遺物にみる遺跡像

存続期間の長さ　根崎台地では、縄文晩期〜弥生中期に遡る遺物がわずかだが出土している。弥生後期には環濠が掘削され、安定した量の遺物が確認できるようになる。弥生終末期には最盛期を迎え、環濠がほぼ埋め戻される。古墳前期・中期の遺物も確認でき、古代・中世へと続く。こうした遺跡動向は、鹿乗川流域遺跡群とも相通じるものがある。

線刻土器（図2）　東上条遺跡での圃場整備現場で中学生が採集した球形土製品には人面文を線刻する（谷1983、設楽1990）。顎の張り出た釣鐘形の顔面に、瞳のないレンズ形の双眼を描き、その周囲にはイレズミとおぼしき弧線帯がめぐる。弥生終末期とみられる。鹿乗川流域遺跡群の亀塚遺跡人面文広口壺とならぶ好資料である。

根崎遺跡では、同様の人面文を線刻した広口壺（川﨑2007）や、組帯文が線刻された広口壺も確認できる（北島2004）。組帯文は、弥生後期の瀬戸内海沿岸で成立した特殊文様で、人面文の線刻風習と共に弥生終

図2　東上条遺跡の球形土製品
（個人蔵、安城市歴史博物館寄託）

4 鹿乗川流域遺跡群周辺の遺跡

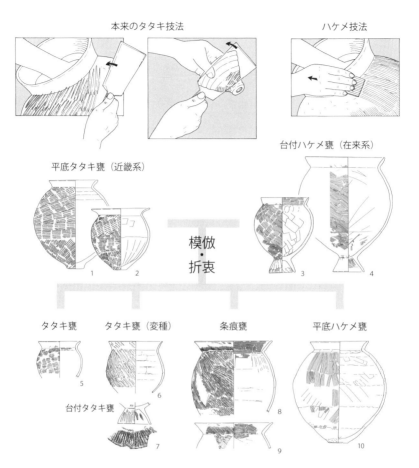

1・10：鹿乗川（本神遺跡）、2：鹿乗川（釈迦山遺跡）、3・5〜9：上条（根崎遺跡）、4：鹿乗川（下橋下遺跡）

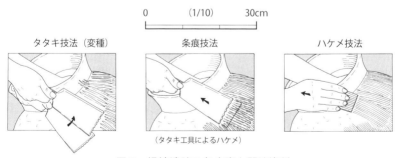

図3　根崎遺跡の条痕甕と関連資料

末期に東海地方へと伝わった。矢作川流域では鹿乗川流域遺跡群や上条遺跡群など安城市域でのみ認められる現象であり、東海地方でも大垣・一宮・清洲・安城各市域の特定遺跡で出土する。美濃や尾張と連動した線刻風習と理解できる。

タタキ甕と条痕甕（図3）　近畿地方の系譜をひくタタキ甕が上条根崎遺跡で出土する現象も興味深い。いわゆる近畿V様式系タタキ甕は、鹿乗川流域遺跡群の本神(ほんじ)・釈迦山(しゃかやま)地区で集中的に出土しており、それら特定遺跡からの影響が想定できる。ただし、上条遺跡群では、忠実な模倣品の占める比率はわずかにすぎない。

むしろ注目すべきは、西三河在来の土器製作技術との折衷現象として、土着的変容を遂げた条痕甕の存在である。これらは、縄文晩期の流れをひく条痕文土器とは全くの別物である。近畿V様式系タタキ甕のタタキ締め技法に用いるべき板状工具を使い、ハケメ技法と同じ手つきで条痕をほどこしたとみられる。タタキ甕にも、西三河在来の甕形土器の影響を受けた変容品が多く含まれる。鹿乗川遺跡群の特定地区に伝わった近畿地方の土器づくりを、見よう見まねで再現しようとしたのであろう。

新羅系陶質土器（図4）　安城北中学校教諭であった三井博の旧蔵資料のなかから確認された有蓋高杯で、根崎遺跡出土とされる（天野1983）。ただし、他地方の遺物収集もおこなった三井は、韓国慶州出土の陶質有蓋高杯一組（知立市歴史民俗資料館蔵）を所有していた。そのため、根崎遺跡出土ではない可能性がある。

一方、大正時代に安城市寺領町内で陶質土器高杯が出土したことを考慮すると、根崎遺跡出土説をむげに退けることもできない。出土経緯の取扱いには慎重を要する。

図4　根崎遺跡出土とされる陶質土器

(3) 近年の調査成果から

2000年代に入り、上条遺跡群周辺で安城市教育委員会が発掘調査をおこなうようになった。

4 鹿乗川流域遺跡群周辺の遺跡

図5　東上条遺跡の発掘調査

　東上条遺跡（図5）　根崎遺跡東方の沖積地に立地する。2004年度に発掘調査が実施された。削平を免れた根崎台地の一部と、これに接する湿地跡を検出した。湿地跡の下底面では縄文晩期の深鉢が出土し、この頃から営まれた遺跡といえる。弥生後期・終末期の遺物が多く、古墳時代～中世まで継続するなど、根崎台地の遺跡動向とも一致し、台地側から投げ込まれた可能性が指摘される。台地縁辺部が水場利用や水稲耕作に適していたのであろう。
　菱田遺跡　根崎遺跡の東方に位置する。2004・2005年度に発掘調査を実施。遺構・遺物の様相は東上条遺跡とよく似る。
　圦上遺跡　2004年度の発掘調査では、自然流路から古墳前期～中期の遺物が多量に出土したほか、中洲状の高まりで柱穴や溝がわずかに確認された。
　福地遺跡　菱田遺跡の東方に位置する。2004年度の発掘調査では、弥生時代から中世におよぶ遺構・遺物が出土した。
　万五郎遺跡　万五郎崎と呼ばれる台地縁辺上に立地する。2005年度に発掘調査を実施し、弥生・古代～中世の生活跡がみつかった。

2　西三河の集落動向
（1）環濠の掘削と廃絶
　西三河を貫流する矢作川に沿って、弥生後期～終末期の集落遺跡が各市町で確認できる。台地や丘陵上に環濠を構えた例が多い。豊田市の梅坪遺跡や南山畑遺跡、岡崎市の東郷遺跡、西尾市中根山遺跡などはその一例である。上条遺跡群の根崎遺跡や、鹿乗川流域の本神遺跡もこうした動向に沿ったものといえる。一方、豊田市岩長(いわな)遺跡や高橋遺跡のように、環濠を巡らさない集落跡も少なからず存在する。上条遺跡群や鹿乗川流域の低地部集落も同様である。環濠の有無は何を意味するのか。
　また、古墳前期以降の集落動向は、総じてつかみにくい。集落立地に変化が生じたことや、環濠のような深い遺構が掘られなくなり、遺跡として発見しづらいのも一因であろう。
（2）遺跡はなぜ広大化したか
　上条遺跡群と鹿乗川流域遺跡群とは、存続時期や土器線刻・タタキ甕の動向など、遺物内容に類似した点が多い。両遺跡群が一体か否かの議論はさておき、密接な関連があったことは間違いない。
　では、安城市域の遺跡群がこれほどまでに大型化する、その求心力とは何であったのか。
　古墳前期に二子(ふたご)古墳をはじめとした桜井古墳群が築造されたのは、鹿乗川流域遺跡群が母胎となったことに疑いの余地はない。しかし、遺跡群が最盛期を迎える弥生後期～終末期、強大な権力の首長を特徴づける大型墳丘墓や大型建物、中国鏡などの威信財は未発見である。豊田・岡崎・西尾市域などでは出土例のある銅鐸も発見されていない[1]。もともと存在しなかったのか、存在したが失われたのか、未発見だけで人知れず土中に埋まっているのか。そこが問題である。
　いずれにしても、鹿乗川流域遺跡群や上条遺跡群にみられる多系譜・変容的な土器文化は、東日本古墳出現期社会の成立に強い影響を与えることとなる。千葉県市原市の国分寺台遺跡群はその一例である。東海系土器の様相は安城市域の特徴とよく類似し、近畿系タタキ甕や北陸系土器が数多く出土するほか、条痕甕や西三河型受口状口縁甕も確認できる。同遺跡群

の中核をなす中台遺跡では、方形区画で囲われた大型棟持柱建物が確認され、古墳出現期の前方後円形墳墓3基からなる神門墳墓群も築造される。遠隔地間交流のなかで安城市域の遺跡群が果たした役割はきわめて大きい（安城市歴史博物館 2014）。

（3）古墳前期から中期へ（図6）

ここで筆者は、古墳前期後半の西三河の土器文化の重要性についても指摘しておきたい。

東海地方でいち早く近畿系の屈折脚高杯を受け容れたのは、鹿乗川流域遺跡群の姫下遺跡である。この姫下遺跡では、布留甕と呼ばれる丸底甕や小型精製土器など、近畿地方の土器づくりを積極的に導入する。そうした影響もあってか、これまで台付甕文化圏であった西三河では、古墳前期後半以降、脚台を省いた平底甕や、屈折脚高杯が急速に普及する。

矢作川中流域の豊田市南部に位置する本川遺跡や水入遺跡の古墳前期後半～中期土器は、こうした流れの延長線上にある。驚くべきは、丸底ハケメ甕や丸底ナデ甕・平底ハケメ甕とともに平底条痕甕が出土するという事実である。根崎遺跡で始まった条痕甕は、一過性の現象で終わらずに、古墳中期まで連綿と作られていたのである。

本川・水入遺跡では、線刻土器も多く認められる。人面文や組帯文のモチーフに由来する帯形文や斜線文などの抽象的な線刻が多い。

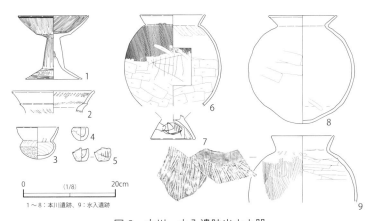

図6　本川・水入遺跡出土土器

もともと豊田市域では、屈折脚高杯や平底甕・線刻風習・条痕甕の製作は盛んでない。その系譜は、鹿乗川流域遺跡群や上条遺跡群の混成的な土器文化に求められる。こうして成立した矢作川流域の土器様式は、東日本各地に再び影響を及ぼすことになる。S字甕や宇多型甕などの台付甕にこだわり続けた伊勢や尾張とは決定的に異なる点でもある。

　こうした影響力の大きさとは裏腹に、鹿乗川流域では古墳中期後半以降の生活痕跡が次第に低調となり、桜井古墳群での古墳築造も衰退する。その社会背景の究明は今後の課題である。

おわりに

　1988年10月、岡崎市内の中学生だった筆者は、安城市文化センターで開催された企画展『土器が語る文化交流』を見学した。市民団体の安城考古学談話会が執筆・編集した展示図録は今読み返しても新鮮で、鹿乗川流域遺跡群を知る基本文献といえる。今後も調査研究は進むにちがいない。幅広い市民の参画が続くことを切に願っている。

註
(1)　西尾市で出土した小島銅鐸（東京国立博物館所蔵）は、三遠式銅鐸の祖形となる東海袈裟襷派銅鐸で、弥生後期初め頃の製作とみられる。銅鐸形模倣品が多く出土する矢作古川流域の西尾市域と、鹿乗川流域遺跡群南限とが接する境界付近に埋納される点が興味をひく。
　　なお、鹿乗川流域遺跡群北限の坂戸三本木遺跡で銅鐸形土製品が近年出土したという。鹿乗川の人々が銅鐸について何らかの情報をもっていたことをうかがわせる。

主要引用・参考文献
天野暢保　1983「上条遺跡の新羅土器について」『安城歴史研究』9、安城市教育委員会
天野暢保　1995「安城の遺跡と遺物　上条遺跡群(1)(2)」『博物館だより』18・19、安城市歴史博物館
安城考古学談話会　1988『土器が語る文化交流』安城市教育委員会
安城市歴史博物館　2014『特別展大交流時代　鹿乗川流域遺跡群と古墳出現期の土器交流』

大参義一　1968「弥生式土器から土師器へ―東海地方西部の場合―」『名古屋大学文学部研究論集 XLⅦ』史学16、名古屋大学、159〜192頁
川﨑みどり　2004「上条遺跡群」『新編安城市史』10　資料編　考古、安城市史編さん委員会、78〜87・244〜247頁
川﨑みどり　2007「考察」『亀塚遺跡Ⅱ』安城市教育委員会、97〜108頁
北島大輔　2004「組帯文の展開と地域間交流」『駿台史学』120、駿台史学会、67〜106頁
設楽博己　1990「線刻人面土器とその周辺」『国立歴史民俗博物館研究報告』25、国立歴史民俗博物館、31〜69頁
上条町史編集委員会　2008『上条町史』
谷　悟　1983「上条遺跡群東上条地点出土の人面文球形土製品」『安城歴史研究』9、安城市教育委員会、19〜48頁

コラム1

鹿乗川流域遺跡群の外来系土器・線刻土器
―外来系土器と人面文を旅する―

川﨑みどり

はじめに

　県下最大の弥生時代遺跡である朝日遺跡では、巴形銅器のような威信財・広域流通品や、金属器生産を証左する銅鐸鋳型等が出土した。同遺跡が全国的レベルでの流通拠点であり、都市型の集落だったことを示している。鹿乗川流域遺跡群にはそのような目立った遺物は少ないが[1]、多種類かつ多量を特徴とする他地域の土器（外来系土器）や人面文土器が出土し、東日本最大の土器交流の拠点として注目されている。桜井古墳群を生みだす礎となったヒトとモノの移動を示す現象であり、2014（平成16）年に安城市歴史博物館で開催された特別展『大交流時代』は全国的視野に立ってこの分野の研究を視覚化した展示であった。その成果を基にして、古墳出現期前後の交流の一面を見直してみたい。

外来系土器（図1・2）

　伊勢湾岸から西遠江（三重県から静岡県西部）地域は弥生時代中期から土器型式の共有化がゆっくりと進み、土器そのものも運ばれている。伊勢湾西岸地域のS字状口縁台付甕（以下S字甕と省略）・長頸壺、尾張平野部のパレススタイル壺、西濃地域の壺・高坏、遠江の大小の壺類等、各地域に特徴的な加飾土器について搬入と模倣が確認できる。それより遠い地域からもたらされる土器は、鹿乗川流域遺跡群においては弥生時代終末期（＝欠山式期、畿内庄内式前半期）から顕在化する。多いとは言っても全体の数%に過ぎないが、無文の壺・高坏や甕の中にも各地域から搬入され模倣された土器が含まれていると思われる。しかし、竪穴住居から出土するのは簡

素な在地の土器で、外来系土器は含まれない。つまり外来系土器を含む土器群は日常的生活とは離れた場で使用され、短期間で溝に廃棄されたのである。その量の多さは、蕩尽されたと表現したいほどである。それらは使用される場所・頻度が限定されており、何らかの儀式に使われたと想像される。鹿乗川流域遺跡群の溝周辺に祭儀の場があり、それが人や物をひきつけていたのであろう。石器・石材や赤色顔料も頻繁に流通しており、土器型式を共有した圏域内の各地域が、日常的かつ緊密な人的交流＝移住と経済的交流＝物流によっても結びついていたことを示している。

次に欠山・元屋敷式圏域を超える遠隔地交流を示す例を挙げよう。鹿乗川流域遺跡群内では弥生時代終末期以降、畿内第Ⅴ様式系のタタキ甕が100点近く出土している。続いて古墳時代初頭（＝元屋敷期、畿内庄内式後半期）からは北陸南西部系甕（月影型甕・能登型甕）が50点以上出土した。

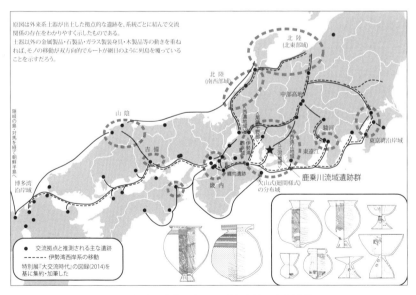

図1　土器の移動からみた列島各地の交流関係

コラム1

　遺跡群の北群では古墳時代前期前半までそれらの甕の製作が継続し、群内に拡散した。いずれも技法の再現性が高いことから、遺跡群内に工人が移住してきた可能性が高い。しかしながら伊勢地域にみられる装飾器台等の北陸系加飾器種・精製器種や高坏等の美しく飾られた見せる器種ではなく、煮沸具であることが特徴で、先に述べた儀式において、S字甕を含む外来系の甕が煮炊を担っていたと考えることもできよう。

　他地域に視野を広げると、畿内の庄内型甕は欠山式土器圏域内ではほとんど出土しないが、大和盆地と河内に製作拠点があり、摂津・播磨を中心とする西日本に流通する交易品である。北九州の博多湾沿岸では移住した工人が「筑前型庄内型甕」を生産する。庄内型甕の他にも瀬戸内地方で吉備型甕、北陸地方で月影型甕、伊勢湾沿岸部でS字甕と、各地で器壁の薄い甕が前後して誕生している。金属製品や玉類と同様に、土器においても高度な技術をもつ工人集団が成立したことがうかがえる。中でもS字甕は東日本において庄内型甕と同様の動き方を示して近隣には搬出され、遠隔地には製作拠点が作られる交易品と推測される。これら庄内式併行期の多様な甕の流通は、土器様式の範囲を越えた広範な経済活動の一つと捉えることができよう。

　古墳時代前期前半（布留式併行期）の外来系土器については、姫下遺跡で畿内系を中心とする忠実な在地品が出土した。布留型甕・直口壺・精製小型土器群が畿内系で、北陸あるいは山陰系の甕と、山陰系の壺・小形高坏・X字形小型器台等を伴う。伊勢湾西岸地域のS字甕や柳ヶ坪型壺も共伴している。前段階の外来系土器との最も大きな違いは、在来系器種を侵食して置き換わっていくことである。一方で小型精製丸底壺は、奈良県ホケノ山古墳でも出土したが、神ノ木遺跡のごく一般的な竪穴住居からも出土し、出現期の古墳での葬送祭祀と集落での祭祀が完全には乖離していないことを示している。

鹿乗川流域遺跡群の外来系土器・線刻土器

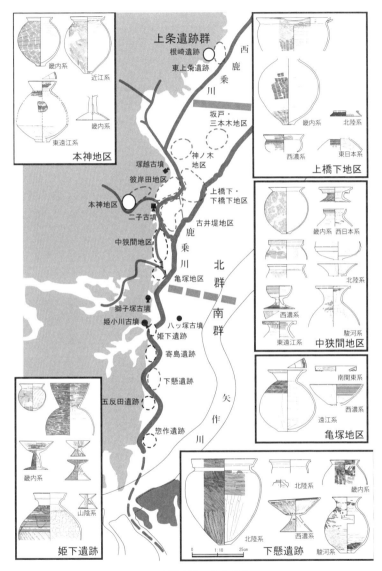

図2　安城市域の外来系土器

コラム 1

安城市出土の線刻土器（図3）

　重要文化財となった亀塚遺跡の出土土器に描かれた人面文は絵画性の高い線刻画で、丸い輪郭を持った顔が完全な形で描かれる（亀塚A）。根崎遺跡Aと東上条遺跡球形土製品はよく似た人面文を描くが、輪郭が裾広がりになる。設楽博己は前者を「亀塚タイプ」、後者を「今宿タイプ」と分類した（設楽1980）。大垣市今宿遺跡のある西濃地域は、欠山式（廻間様式）土器圏域内にある、もう一つの人面文分布の中心地である。弥生時代には伊勢湾が近くまで入り込んだ沿岸部だった。同荒尾南遺跡の線刻土器には大型船と帆船が描かれたものがあり、今宿タイプの人面文が畿内を除く瀬戸内地方や関東地方へ拡散するのは、海を介したネットワークによるものと石黒立人は説明している（石黒2011）。

　鹿乗川流域遺跡群の線刻絵画では、弥生時代後期の鳥（神ノ木遺跡）が先行する[2]。線刻画が盛行するのは終末期から古墳時代前期で、土器に代表される活発な地域間交流の産物である。人面文以外はモチーフの不明なものが多いが、その中に弧帯文（組帯文、北島2013）が含まれる。

　弧帯文はバチ型・ループ型の単位文様が組み合わされて連続的に描かれるもので、瀬戸内地方の墳墓に供献される特殊器台で発達し、脚部の周りを一周する。奈良県纒向遺跡の木製円板では、そのモチーフを回転させつつ繰り返して環状に連続させる。本来は無限に連鎖する文様だったといえよう。下橋下遺跡Bと亀塚遺跡Fは口縁内側を巡る例である。根崎遺跡Bでは弧帯文を壺の胴部に、平面的に展開しようとしている。亀塚遺跡Bでは高坏の脚部に竪穴建物（?）とF字形の文様2個が巡らされ、モチーフは具象と思われるが循環している。これに対して、人面文の今宿タイプである根崎遺跡Aでは、裏面にバチ形の図像が対をなす。バチ形文は弧帯文の一部が独立したものと解釈できる。鹿乗川流域遺跡群には、長方形の区画の中に人面文に似た平行線からなる構成を刻む例がある（下橋下遺跡A、姫下遺跡A）。これらはバチ形の輪郭に人面文を埋め込んだ、鹿乗川

鹿乗川流域遺跡群の外来系土器・線刻土器

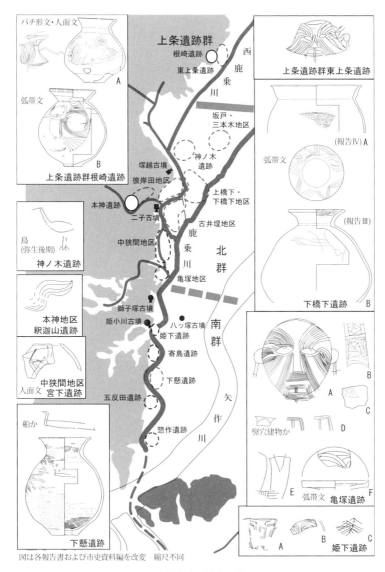

図3 安城市域の線刻土器

コラム1

流域遺跡群独自の図形と考えられる。

おわりに

　弥生時代中期には準構造船が既に建造されており、北九州から瀬戸内海沿岸地域を活発に往来していたと推測される。その東の終点は河内潟（現在の大阪平野）だった。荒尾南遺跡の弥生時代後期の土器には大型船や帆船が描かれており、三重県六大A遺跡では古墳時代前期の準構造船の部材が出土している。水上交通が弥生時代中期以降の伊勢湾西岸域を強く結びつけていたと考えられるが、この地域を出発点として東日本の太平洋岸でも発達し、神奈川県には東海地方から集団移住して作られたとされる集落もある[3]。古墳時代前期には航海がさらに活発化し、より濃密で相互的な地域間交流が多地域・多器種・多量の外来系土器の出土に表れている。その起点は伊勢湾西岸地域で、東端は房総半島・東京湾にまで及ぶ。そこまでの沿岸各地に出土するS字甕や庄内型甕、あるいは欠山式の土器たちは、旅した人々の足跡を示している。下懸遺跡でも弥生時代終末期の小型の準構造船の舷側板が出土しているが、同じ土層から出土した駿河系の壺には船と思われる線刻画が描かれている（図3）。簡略ではあるが舳先が船体より高く立ち上がっているので、準構造船を描いたと想像しておこう。樹皮で部材をつなぎ合わせた、決して大きくはない船を漕ぎ出し、伊勢湾から遠州灘・相模灘まで旅していた人々を思い描いていただく縁に小文がなれば幸いである。

註
(1) ただし木製品については、樋上昇によって上位階層者や大型掘立柱建物の存在が推定されている（樋上2013）。
(2) 神ノ木遺跡で方形周溝墓に供献された弥生時代後期の壺や高坏には、尾張平野部からの搬入品が含まれている。
(3) 神奈川県神埼遺跡では、土器の95%が東海系である（小滝・村上1992）。

主要引用・参考文献

安城市歴史博物館　2014『大交流時代　鹿乗川流域遺跡群と古墳出現前夜の土器交流』

石黒立人　2011「弥生後期の伊勢湾沿岸世界」伊勢湾岸弥生社会シンポジウム後期篇『伊勢湾岸域の後期弥生社会』

北島大輔　2013「鹿乗川の人面文と線刻風習」『変貌する弥生社会　安城市鹿乗川流域の弥生時代から古墳時代』考古学フォーラム

小滝　勉・村上吉正　1992『神埼遺跡発掘調査報告書』綾瀬市埋蔵文化財調査報告2

設楽博己　1980「顔面土偶から顔面絵画へ」『国立歴史民俗博物館研究報告』80

樋上　昇　2013「木製品からみた鹿乗川流域遺跡群」『変貌する弥生社会　安城市鹿乗川流域の弥生時代から古墳時代』考古学フォーラム

第2章

三河国、ここにはじまる

1 古墳は何をあらわすのか

土生田純之

はじめに―古墳の政治的意義―

「古墳は墓である」という自明の性格が、なぜか考古学というベールに包まれた途端、見えにくくなる。つまり、古墳の政治的性格を強調するあまり、古墳＝墓という本来的意味を脳裏に浮かびにくくしているのである。もちろん、古墳には政治的性格が内包されている。例えば、初めて出現した巨大前方後円墳（一般的に巨大古墳という場合、全長200m以上の古墳をさすが、前方後円墳以外に200m以上を測る古墳は存在しない）の奈良県桜井市箸墓古墳（約280m・3世紀中葉）を基準として、この1/2、1/3などの相似形古墳が各地で報告されている（図1）。一例をあげると、岡山県岡山市浦間茶臼山古墳はまさに箸墓古墳の1/2規模で築造されているのである（北條1992）。しかもこののち、各時代に築造された近畿中央部（律令時代の畿内、特に大和・河内・和泉、現在の奈良県・大阪府下）の巨大古墳に対して、その相似形古墳が他地方に、もちろんその縮小形として構築され続けるのである。また小林行雄によって明らかにされた同笵鏡研究もある。同笵鏡とは同じ鋳型で鋳造された鏡のことで、この同笵鏡を調べると、近畿中央部の

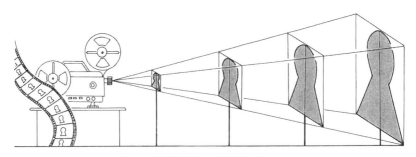

図1　相似形古墳の概念図（都出 1989）

1 古墳は何をあらわすのか

大型古墳を中心に広がっている（図2・3）。このため、近畿中央の王と同盟等の関係を築いた各地の首長が、近畿の王から同盟の「あかし」として分与されたものと考えられるのである[1]。この場合、上とは全く逆の経路、つまり各地の首長が保持していた神宝としての鏡を近畿の王に献上した結果、多くの鏡が奈良など近畿中央部の王のもとに集積されたものとみる見

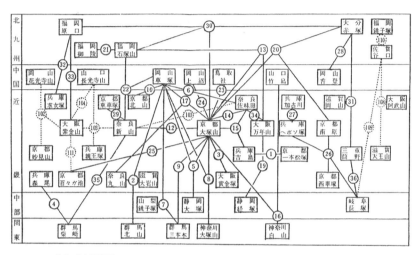

図表Ⅱ　同笵鏡の分有関係(2)

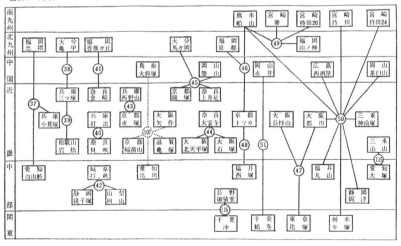

図2　同笵鏡の分有関係（小林1961）

第 2 章　三河国、ここにはじまる

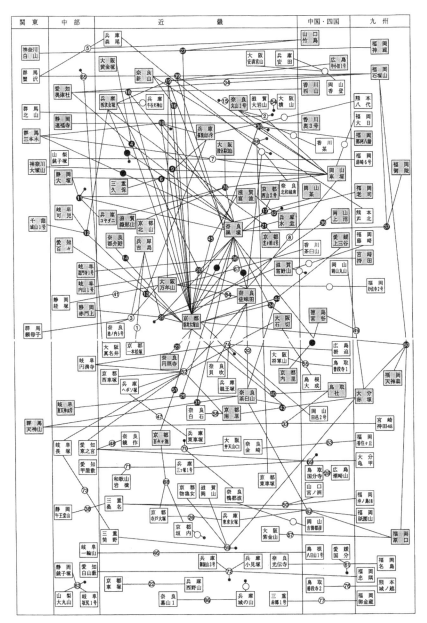

図 3　三角縁神獣鏡の同笵・同型鏡分有関係（奈良県立橿原考古学研究所附属博物館編 2000）
　　　アミは椿井大塚山・黒塚古墳と同笵・同笵鏡を分有する古墳。

1 古墳は何をあらわすのか

解もありうる（横田1958）。しかし、数多くの種類がみられる鏡の中で、各地の王が各々の事情で、しかも各々の歴史的背景の中で保持した鏡であるとすれば、近畿を中心として広がる同笵鏡の分有関係はほとんど考えられないほどの偶然性を想起しなければ本論は成立が難しい論であり、到底あり得ないことと思われる。

こうした事実を基に、都出比呂志は前方後円墳を第1位、以下前方後方墳、円墳、方墳という順序づけられた墳形と、各古墳の規模とによって、政治的地位、立場や実際の権勢を可視的に示す機能を古墳が有していたとみた（図4）。そしてこうした政治体制を「前方後円墳体制」と名付けたのである（都出1991）。

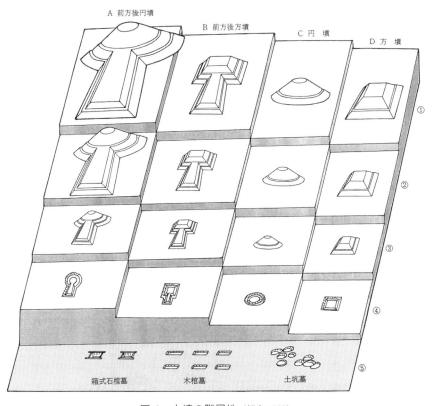

図4 古墳の階層性（都出1989）

1 社会的存在としての古墳

　既述のように、古墳がもつ政治的意義は明らかである。しかし問題は、古墳が本来的に持つ意義は墓であるということのほかには、政治的意義のみが含まれるものなのであろうかという点にある。そもそも政治的な意義、すなわち政治的立場や威信を対外的に明示する場合の道具立てを、古墳に限る必要はない。例えばタイ王国の場合、歴代の王墓はさほどの規模はなく、それよりも仏教寺院建立に精力を注いだ。またヨーロッパの各王家では、長い間やはり王墓よりもキリスト教の大聖堂（カテドラル）を建立することに熱意を傾けたのである。このように見るならば、巨大古墳を築造することに精力を傾けたわが古墳人を突き動かした動機はほかにもあるのではないだろうかとの疑念が生じる。そこで注目されるのが、次の大伴家持の謡である。

　　大伴の　遠つ神祖（かむおや）の　奥津城は　著（しる）く　標（しめ）立て　人の知るべく
　　（大伴氏の遠い神代の頃の先祖の墓には高い標柱を立てよ。そうして他氏の人々に偉大な大伴の始祖墓これにありと高らかに示そうではないか。）

　これは八世紀後半の当時栄華を極めつつある藤原氏に対し、退潮著しい大伴氏の氏上として、他氏に大伴氏の栄えある先祖の墓これにありと高らかに宣言することによって、氏人の士気を鼓舞する歌である。こうした側面にも古墳の存在意義は潜んでいる。

　始祖墓の存在が、始祖に連なる（と信じている）人々に大きな勇気を与え、特別の存在であると考えられていたことを最もよく示す例は、群馬県高崎市保渡田（ほどた）古墳群と、長野県千曲市の森将軍塚古墳である（土生田 2010）。前者は5世紀後半の井出二子山古墳（全長108mの前方後円墳、以後いずれも前方後円墳）を嚆矢として、5世紀末の保渡田八幡塚古墳（全長96m）、6世紀初頭の保渡田薬師塚古墳（全長100m＋α）と3代続いた首長墳系列である。ここでは遺跡整備等の目的から、古墳のみならずその周辺にもくまなくトレンチ調査を実施した。しかし、初代の井出二子山古墳のみ前方部前端の外方や北側面に、二子山古墳構築直後から6世紀後半に至るまで13基の小古墳が連綿と構築されているのに対し、保渡田八幡塚古墳や同薬師塚古墳の周囲には、このような小古墳は全く認められていない（図5）。後世

1 古墳は何をあらわすのか

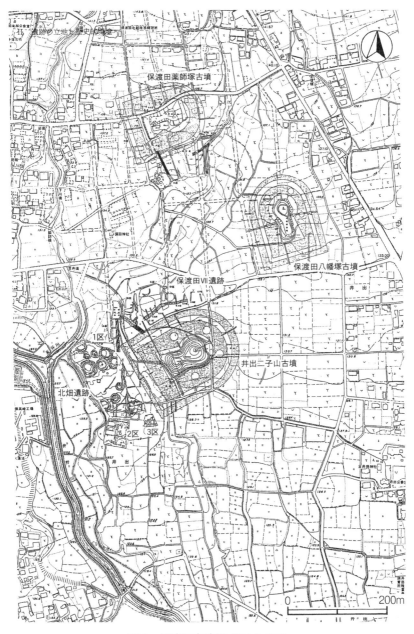

図5　保渡田古墳群（清水他 2003）

の人々は、あくまでも始祖墓の近辺に埋葬されることを願ったのである。ただし、2代以後の王墓も初代王墓（始祖墓）に匹敵する規模の古墳を構築しているが、これは彼らの在任期間を含めて（少なくとも在任中に古墳構築の基礎工事は着工しているものと考えられる）、自身の威信を発露するためにも始祖墓に匹敵する規模の古墳を用意する必要があったものとみられる。

　これに対して長野県の森将軍塚古墳（4世紀初頭の前方後円墳・全長約100m。以後すべて前方後円墳）は、川柳将軍塚古墳（4世紀中葉・93m）→倉科将軍塚古墳（4世紀後半・73m）→土口将軍塚古墳（5世紀初頭・67m）と代々築造地を移動させている。しかしここでも、井出二子山古墳のように始祖墓（森将軍塚古墳）の周囲にのみ小古墳が後世まで構築されている。ここでは森将軍塚構築の直後から7世紀後半（12号墳）に至るまで、実に300年の後まで13基の小規模墳が構築されている（図6）。これらの小規模墳は5世紀第2四半期の2号墳が最古であるが、実は森将軍塚の構築直後から6世紀中葉に至るまで、墳丘内や裾部に多数の付帯的な埋葬施設が構築されている。

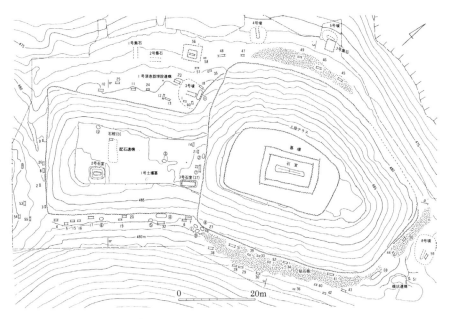

図6　森将軍塚古墳（森将軍塚古墳発掘調査団1992）

1 古墳は何をあらわすのか

すなわち箱形石棺 65 基と 12 基の埴輪棺である。始祖に対する氏人の思いや、始祖が眠る墳墓がいかに人々の心に強く印象づけられているかを示して余りある例と評価できるのである。本例の場合、森将軍塚古墳構築直後から墳丘内や裾部へ石棺や埴輪棺を構築している。こうした事実は、これら付帯的な埋葬施設の被葬者が、実際に森将軍塚古墳の被葬者に系譜上

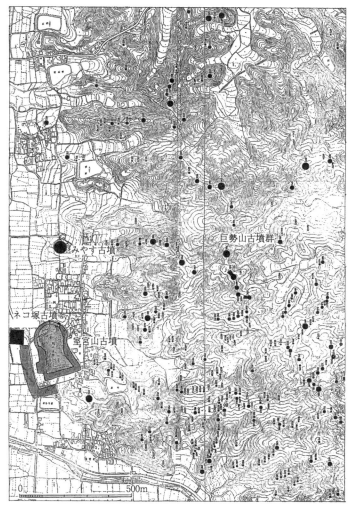

図 7　室宮山古墳と巨勢山古墳群（土生田 2011）

71

連なる人々であると周囲の人々にも認識されていたことを示すものとみてよい[2]。

　始祖墓は、またこれを「盗用・利用」して自らの出自を「創作」することも可能である。この典型例を奈良県御所市室宮山古墳と巨勢山古墳群に認めることができる。奈良盆地西南部の巨勢山山塊には、6世紀前半から7世紀にかけて構築された約400基からなる巨勢山古墳群がある（図7）。この山塊の北麓には全長約240mを測る巨大前方後円墳・室宮山古墳（5世紀初頭）とその陪冢的性格が想定されるネコ塚古墳（方墳・一辺60m）とみやす塚古墳（円墳・直径50m）が存在する。室宮山古墳の被葬者には葛城氏の始祖ともいえる葛城襲津彦が想定されるが、葛城氏は伝承の人物武内宿禰の後裔とされる。同じく武内宿禰の後裔とされる氏としては巨勢氏を始め蘇我氏・平群氏などがあるが、これらの同族関係は武内宿禰の実在とともに史実とは認められていない。

　さて葛城の本宗は、5世紀後半になって円大臣の時に大泊瀬皇子（雄略天皇）によって滅ぼされた。これに対して巨勢氏は、史料による限り6世紀の半ば欽明朝の頃からの活躍が目立つようになる。こうした事実を踏まえ、筆者は6世紀に台頭した巨勢氏は同時期に台頭した蘇我氏などとともにかつての名族葛城氏と同族であるとする伝承を作成し（何らかの形で葛城氏につながったとしても遠い関係と思われる）、かつ葛城襲津彦を始祖墓と仰ぐ位置に巨勢氏成員の集団墓を営んで、葛城襲津彦と血縁関係にあることを氏の内外に示したものと考えるのである。

2　移動する王墓築造地と固定化、そして桜井古墳群

　既述のように古墳の政治的意義を認める場合、代々の王墓築造地が固定化されているか否かについて把握する必要がある。そもそも古墳＝墓は本貫地（先祖代々受け継がれてきた本拠地）に築造されるものである[3]。近畿中央部の巨大古墳は、幾度かその築造地を移動させている（逆にいえば、数基以上〜少なくとも数十年間〜巨大古墳が同一地域に築造されるのである。この点は後述するように他地方との著しい差異であるといえる）。したがってこの現象を、王権を構成する諸勢力の中において主導権が移動したとみる（白石1989）か、そ

れとも王権がその時々において最も重視する土地に築造したとみる(近藤1983)かによって、歴史の解釈は相当に異なってくる。現在はこの双方が論じられており決着はついていない。しかし、近畿以外においては1基ごとに築造地が移動することが、既述の北信(長野盆地)で指摘される(大塚考古学研究会1964)と、同年吉備(岡山平野)でも指摘された(西川1964)。これ以後、滋賀県湖西地方や石川県能登地方など各地で報告されている。ただし、これは古墳時代前半期(〜5世紀後半)のことである。5世紀後半〜末以後、各地において王墓築造地の固定化が認められる。既述の保渡田古墳群の他にも以下のような事例をあげることができる。すなわち、埼玉県埼玉(さきたま)古墳群、群馬県総社(そうじゃ)古墳群、千葉県富津(ふっつ)古墳群、滋賀県野洲(やす)古墳群、島根県大庭有(おおばあり)古墳群、熊本県野津(のづ)古墳群などがある。そしてこれらはいずれも国造の本貫地であり、彼らあるいはその祖先の奥津城がこれら古墳群であることは明らかであろう。上記した例の順にいえば、武蔵国造、上毛野(かみつけの)国造、須恵国造、近江安(おうみやす)国造、出雲国造、火葦北(ひのあしきた)国造に比定できる(土生田2004)。

図8　善光寺平(北信)の前期古墳　(大塚考古学研究会1964)

第 2 章　三河国、ここにはじまる

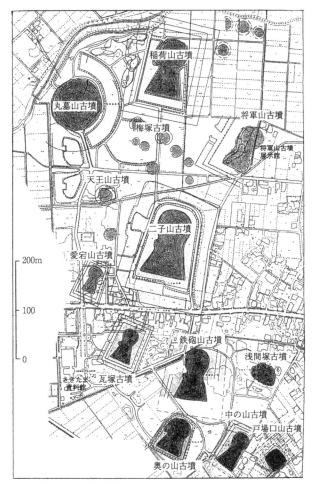

図 9　埼玉古墳群（土生田 2011）

　既述したように代々の首長墓築造地が 1 代毎に移動する現象は「首長権の輪番制」との解釈もある（吉田 1972）が、いずれにしても首長権が特定の系譜に固定化されていなかった段階であることを示すものとみてよいであろう。ところが 5 世紀後半以後、近畿の王権が他地方との政治的関係を支配、被支配の関係に進めた結果、王墓築造地の固定化、つまり首長権の特定系譜への固定化が始まる（土生田 2004）。なぜならば近畿の王権が支配する

1　古墳は何をあらわすのか

とはいえ、直接支配する律令時代にほど遠いこの段階では各地首長を通した間接支配に止まらざるをえない。その際、各地独自の首長権継承論理（輪番制など）が引き続いて行われていれば、極めて支配が煩雑となるからであり、在地首長系譜のうち、最も協力的な系譜に固定化することが簡易で実効性があるからに他ならない[4]。このような状況は、イギリスなどの近代列強の植民地支配にも同様の現象を見て取ることができる（井野瀬2002）。

3　桜井古墳群の特徴

さて、安城市の桜井古墳群の場合、古墳出現当初から同一地域に歴代の王墓が、しかも複数の系譜とも取れる状況で（つまり同一時期に複数の古墳が桜井古墳群中に認められる）築造されている。先にみた王墓築造地が移動を繰り返す他地方の状況とは大いに異なっている。ただし、このうち前期から代々の王墓が固定した場に築造された地域は、桜井古墳群のほかに神奈川県海老名市の秋葉山古墳群（図10）、宮城県名取市の飯野坂古墳群など、少数が認められている。このような状況が何を示すものであるのか、今後の研究が期待されるところである。

しかし桜井古墳群の場合は、首長墳築造地の固定にとまらず、後述する大和川流域同様同時期に複数の古墳が築造されているのである（もちろんすべてが同一規模ではなく、それらの中に序列があるように思われる）。桜井古墳群の構成を見れば、三河では古墳時代の当初から複数ある首長系譜が、いずれも桜井古墳群の地にいささかの身分差を伴って墳墓を築いたことが窺えるのである。この点、古墳時代の当初における畿内の王墓築造地の分析を行った白石太一郎の研究が参考になる（白石2008）。白石は畿内中枢を流れる淀川と大和川流域地方における出現期古墳の分析を行ったところ、両河川流域で著しく様相が異なることに注意した（図11）。すなわち、淀川の場合、本流に合流する小河川毎に代々の首長墳が構築されているのに対し、大和川では大和盆地東南部（桜井市北部・天理市南部）の一画に同時期複数の首長墳が構築されているのである。このことから、白石は他地域に比して早くからのちの畿内中枢、すなわち大和川流域地方が統一されていたことを指摘したのである。もちろん、既述のようにその後における巨大古

第 2 章　三河国、ここにはじまる

図 10　秋葉山古墳群（押方他 2002）

墳築造地の移動が王権を構成する諸系譜の中における主導権の移動とみる場合と、各時代において王権が最も重視した土地に王墓を築造したとみるかによってその意味は相当に変わる。しかし、いずれにしても大和川流域地方では古墳時代の当初から大和東南部に発生した首長系譜が、淀川流域地方など他に比して広域を統一的に支配していたことを示すものとみて相違ないであろう。

このように見るならば、桜井古墳群を構成する諸古墳の分析から、当地が矢作川流域を中心とする西三河地方における諸勢力の発祥の地と考えら

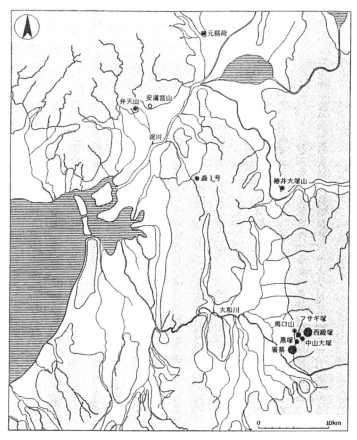

図11　畿内における出現期古墳の分布（白石 2007）

れていた可能性が浮かび上がる。本貫地を念頭に置けば、当該地の勢力が西三河地方全体を傘下に置いたか、あるいは連合の要としての位置付けが与えられたかのいずれかであろう。鹿乗川（かのり）流域の集落遺跡は、当該期においては大型であることから、何らかの形において当該地が西三河の中心であった可能性が強く考えられるのである。しかし5世紀になると、吉良などの矢作川（やはぎ）河口域を始め各地に首長墳が分散し、6世紀には現岡崎市域や豊田市域など矢作川中流域に首長墳築造地が移動するのである。このように見ると、古墳時代の当初、桜井古墳群の歴史的な存在意義は、当地の首長が西三河全域の統一をなしたことを示すのではなく、各小地域における首長たちの精神的な中心地、つまり父祖の地としての位置付けが与えられていたのではないかと思われるのである。その意味において、まさに「三河の国、ここにはじまる」との言は的を得ているといえるのである。

おわりに

　古墳には被葬者やその後継者の出自を表示して、社会的な位置を示すとともに、偉大な古墳を築き葬られた始祖の末裔という自覚を促すという側面もあろう。また古墳時代に多くの渡来人が列島に移住してきたが、彼らはその出自を隠すのではなく、むしろ故地の墓制を継承することに意義を見出したものとも思われる（出自の明示機能）。我が古代日本の人々は、偏狭な観念に基づく異常なまでの差別はなく、むしろ渡来人が有する新技術を学びとりいれ、開発や生活の向上に役立てようとする柔軟な姿勢をもっていた。

　桜井古墳群がこうした古墳の有する様々な意義のいずれを、あるいはそれらすべてを体現するものであったのか否かなどの解明にあたっては、今後各地の事例とも比較しながら考えなければならない。しかし、そのような研究を進めるに際して、桜井古墳群が第1級の遺跡であることは論をまたないところである。

註
(1)　同笵鏡論の他に、小林は古墳時代における首長の歴史的性格を、弥生時

代においては呪術的意義を持つ威信財としての鏡鑑類を代々受け継いでいた（伝世鏡）のに対し、古墳時代になると墳墓に埋納する、つまり消費することから呪術的意義を有する威信財に頼らなくとも統治ができる段階になったと考えた。同笵鏡論とともに伝世鏡論とをあわせて、古墳時代を男系世襲王権と評価した（小林1961）。

(2)　こうした首長を「慕う」人々による造墓活動とは正反対のベクトル、つまり為政者の側から求心力の中心として「始祖墓」を利用する立場も認められ、実際はこれら双方の立場による「始祖墓」の意義付けがなされたものであろう。このように、都出のいう「前方後円墳体制」とはまた異なった意味合いでの政治的意義も認められるのである。都出の主張する前方後円墳体制と基本的構造が同様の歴史的存在は江戸時代にも認められているが（谷川2004）、後者の場合もやはり江戸時代にまで認められている。例えば、信州飯田藩（藩主堀氏）の場合、初代親昌から五代までの歴代藩主墓は江戸の祥雲寺に埋葬されているが、六代の親蔵の墓所はそれまで藩主の墓所がなかった、領国飯田の長久寺に造営された。親蔵の家督を継いだ親長は、当時幼少であったため父の親蔵一人が何故長久寺に埋葬されたか不審に思っていたが、成人の後領内に藩主墓がなければ結果として民が藩や藩主を敬うことがなくなり藩の危機を招くと考えるようになった。そして初代・二代・および三代の石碑を長久寺に建立している。こうした墓所整備はおおよそ1793（寛政5）年から1795年にかけての頃であるが、当時は藩の財政が極めて悪化しており、たびたび倹約令が出された時期である。千葉拓真は以上の状況に鑑み、親長による長久寺墓所整備は、「祖先やその墓の存在をその後の政治に利用しようとした」（千葉2016、170頁）ものであると考えた。卓見である。

(3)　『日本書紀』によれば紀小弓宿禰は朝鮮半島で病死したが、田身輪邑（現在の大阪府岬町）に埋葬された（雄略天皇九年条）。また近江毛野は朝鮮半島から帰国する途中、対馬で病死したが、遺骸は本国の近江まで運ばれ埋葬された（継体天皇二十四年条）。さらに火芦北国造一族と百済女性との間に出生した日羅は、難波で殺害され一旦当地に埋葬されたが、芦北の同族によって本貫地である芦北（現在の熊本県八代市周辺）に再埋葬されている（敏達天皇十二年条）。

(4)　後世のことではあるが、郡領任命に際して本人の能力や長幼の序列など注意を払う諸側面が記載されているが、その中にあって「譜第優劣」が第一番目に記載されている。すなわち、何よりも郡領職を世襲任用されてきた氏族内における系譜の優劣を優先することが明記されているのである（『続日本紀』天平勝寶元年〈749〉二月二十七日条）。これより相当に遡上する時期の古墳時代は、氏族や諸首長系譜の軽重が重きをなしたものと考えられる。

主要引用・参考文献

井野瀬久美恵　2002『黒人王、白人王に謁見す―ある絵画のなかの大英帝国―』山川出版社

大塚考古学研究会　1964「長野県における古墳の地域的把握」『日本歴史論究―考古学・民俗学編―』文雅堂銀行研究社

押方みはる他　2002『秋葉山古墳群第1・2・3号墳発掘調査報告書』海老名市教育委員会

小林行雄　1961『古墳時代の研究』青木書店

近藤義郎　1983『前方後円墳の時代』岩波書店

清水　豊他　2003『井出北畑遺跡』群馬町教育委員会

白石太一郎　1989「巨大古墳の造営」『古代を考える・古墳』吉川弘文館

白石太一郎　2007『近畿の古墳と古代史』学生社

白石太一郎　2008「倭国の形成と展開」『列島の古代史8　古代史の流れ』岩波書店

谷川章雄　2004「江戸の墓の埋葬施設と副葬品」『墓と埋葬と江戸時代』江戸遺跡研究会編、吉川弘文館

千葉拓真　2016「近世における堀家墓所の成立と飯田藩政」『飯田市歴史研究疎年報14』飯田市歴史研究所

都出比呂志　1989「古墳時代の中央と地方」『古墳時代の王と民衆・古代史復元6』講談社

都出比呂志　1991「日本古代の国家形成論序説―前方後円墳体制の提唱―」『日本史研究』343

西川　宏　1964「吉備政権の性格」『日本考古学の諸問題―考古学研究会十周年記念論文集―』河出書房

土生田純之　2004「首長墓造営地の移動と固定―畿内中心主義の克服に向けて―」『福岡大学考古学論集―小田富士雄先生退職記念―』

土生田純之　2010「始祖墓としての古墳」『古文化談叢』発刊35周年・小田富士雄先生喜寿記念号（1）、65

土生田純之　2011『古墳』吉川弘文館

北條芳隆　1992「墳丘に表示された前方後円墳の定式とその評価―成立当初の畿内と吉備の対比から―」『考古学研究』128

森将軍塚古墳発掘調査団　1992『史跡　森将軍塚古墳―保存整備事業発掘調査報告書―』更埴市教育委員会

奈良県立橿原考古学研究所附属博物館編　2000『大古墳展―ヤマト王権と古墳の鏡―』東京新聞

横田健一　1958「日本古代における鏡の移動」『古代文化』1

吉田　晶　1972「吉備地方における国造性の成立」『歴史学研究』384

2 三河における桜井古墳群の特色

早野浩二

1 三河の前方後円(方)墳のありよう
―「地域密着型」と「全国展開型」―

　三河における古墳時代前期(3世紀後半から4世紀前半)の前方後円(方)墳は、東の豊川流域、西の矢作川流域のそれぞれ河口域、下流域、中流域に分かれて分布する(図1)。豊川は河口域(旧渥美郡域)の市杵嶋神社古墳、下流域左岸(旧八名郡域)の勝山1号墳、権現山1・2号墳を含む「石巻古墳群」、中流域右岸(旧設楽郡域)の断上山10号墳、矢作川は河口域(旧幡豆郡域)の吉良八幡山古墳、下流域右岸(旧碧海郡域)の姫小川古墳、二子古墳を含む「桜井古墳群」で、古墳の規模は全長30〜70mである(表1)。

　これらの前方後円(方)墳は1949(昭和24)年に発掘調査が行われ、石製品や鉄製工具が出土した「桜井古墳群」中の塚越古墳を除いて、埋葬施設や副葬品の詳細は知られていない。古墳の外観を整える墳丘の段、葺石、埴輪等もほとんど認められない。なお、最新の研究の成果によると、矢作川流域の前方後円(方)墳は豊川流域の前方後円(方)墳にやや遅れて築造されたらしい(西島2010)。その他、墳形は不確かながら、矢作川中流域(旧賀茂郡域)には三河唯一の三角縁神獣鏡の出土が伝えられる百々古墳、かつて中国製の内行花文鏡が出土した宇津木古墳が分布する。

　これらの古墳に関する情報は必ずしも多くはない一方で、古墳を築造する一大事業を支えた集落の調査の進展には目を見張るものがある。具体的には豊川河口域の市杵嶋神社古墳に対応する若宮・境松遺跡を含む牟呂地区の遺跡群、豊川下流域左岸の「石巻古墳群」に対応する西側遺跡、高井遺跡、浪ノ上遺跡等の石巻山麓の遺跡群、豊川中流域右岸の断上山10号墳に対応する石座神社遺跡等の雁峰山麓の遺跡群、矢作川河口域の吉良八幡山古墳に対応する中根山遺跡等の岡山丘陵周辺の遺跡群、矢作川下流

第 2 章　三河国、ここにはじまる

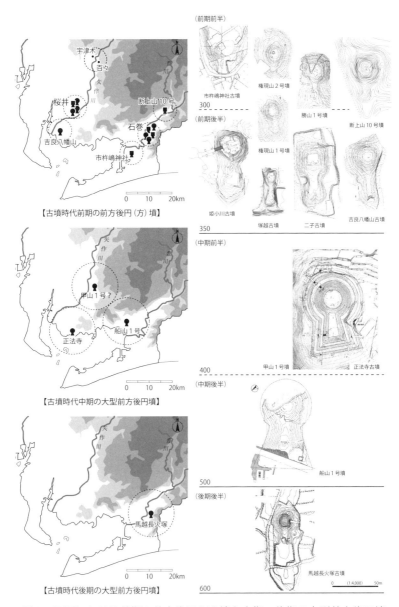

図1　三河における前期の前方後円（方）墳と中期・後期の大型前方後円墳

2　三河における桜井古墳群の特色

表1　三河における前期の前方後円(方)墳と中期・後期の大型前方後円墳

(古墳時代前期の前方後円(方)墳)

水系	古墳	時期	墳形・規模	段築	葺石	埴輪	埋葬施設	副葬品	対応する集落
矢作川下流域右岸 (桜井古墳群)	二子古墳	前期後半	前方後方墳 68.2m	×	×	×	?	?	鹿乗川流域遺跡群 (北群)
	塚越古墳		前方後円墳? 42m	×	×	×	粘土槨か 木棺直葬	紡錘車形石製品・ 鉄鑿・鉄鋸他	
	姫小川古墳		前方後円墳 65m	×	×	壺※	?	?	鹿乗川流域遺跡群 (南群)
	獅子塚古墳		前方後円墳? 約40m	×	×	壺	?	?	
矢作川河口域	吉良八幡山古墳	前期後半?	前方後円墳 66m	?	?	×	?	?	岡山丘陵周辺の遺跡群 (中根山遺跡など)
矢作川中流域	(百々古墳)	前期前半?	?	?	?	?	?	三角縁神獣鏡	(梅坪遺跡・高橋遺跡・ 南山畑遺跡など)
	(宇津木古墳)		円墳? 27m	×	×	×	木棺直葬	内行花文鏡他	
豊川河口域	市杵嶋神社古墳	前期前半?	前方後方墳 55m	×	○	(壺)	?	?	牟呂地区の遺跡群 (若宮・境松遺跡など)
豊川下流域左岸 (石巻古墳群)	権現山2号墳	前期前半?	前方後円墳 33m	×	×	×	?	?	石巻山麓の遺跡群 (浪ノ上遺跡など)
	権現山1号墳	前期後半	前方後円墳 38.4m	×	○	(壺)	竪穴式石槨	?	
	勝山1号墳		前方後円墳 44m	×	×	×	?	?	
	北長尾8号墳	前期?	前方後方墳 30m	×	×	×	?	?	
	向山1号墳		前方後円墳 43m	×	×	×	竪穴式石槨?	?	
豊川中流域右岸	断上山10号墳	前期前半?	前方後方墳 50m	?	×	×	?	?	雁峰山麓の遺跡群 (石座神社遺跡など)

※2016年の調査で出土した壺形埴輪を追加した。

(古墳時代中期・後期の大型前方後円墳)

水系	古墳	時期	墳形・規模	段築	葺石	埴輪	埋葬施設	副葬品	対応する集落
矢作川下流域左岸	甲山1号墳	中期前半	前方後円墳? 約120m?	2・3段	○	円筒	木炭槨	鉄刀	(高木遺跡・神明遺跡・ 米野遺跡など)?
矢作川河口域	正法寺古墳	中期前半	前方後円墳 91m	3段	○	円筒 形象			
豊川下流域右岸	船山1号墳	中期後半	前方後円墳 94m	2・3段	○	円筒 形象	?	?	?

域の「桜井古墳群」に対応する鹿乗川流域遺跡群[1]、矢作川中流域の古墳に対応する梅坪遺跡、高橋遺跡、南山畑遺跡等である（図2・3）。

ところで、古墳時代中期（4世紀後半から5世紀後半）の三河には100m前後の大型前方後円墳が築造される。中期前半の正法寺古墳（矢作川河口域）、中期後半の船山1号墳（豊川下流域右岸）である。近年、中期前半の甲山1号墳（矢作川下流域左岸）については、北村和宏によって、円墳ではなく前方後円墳とする説が提起された（北村2009）。その説の如何にかかわらず、これら中期の大型前方後円墳が墳丘の段、葺石、埴輪によって古墳の外観が整えられている点は、前期の前方後円（方）墳とは大きく異なる。その一方で、近隣にはこれだけの大型前方後円墳の築造を支えた集落を見出すことは難しい。古墳の造営は、西三河あるいは東三河を挙げての大事業であったのであろうか[2]。また、甲山1号墳、船山1号墳は古代東海道の近く、正法寺古墳は三河湾を臨む丘陵上に位置することからも、東西往還のランドマークとしての意味合いもあって、その偉容や外観がことさら重視されたのであろう。

つまり、三河における前期の前方後円（方）墳と中期の大型前方後円墳はその外観だけでなく、古墳造営の基盤、領域、あるいは意識そのものが大きく異なっていた。分かり易い表現を用いれば、前者は人びとの生活圏と深く関わる「地域密着型」の古墳、後者は主要幹線重視の「全国（広域）展開型」の古墳と言えるかもしれない。古墳が造られた意味合いをあまり考慮せず、その大きさや副葬品の優劣を比較する研究はあまり感心できないし、固定化した領域や系譜を無批判に前提として、古墳を並べるような議論（いわゆる「首長墓系譜研究」）にも大きな問題がある。

2　遺跡群と前期前方後円（方）墳
　　― 人びとが集まり、巨大な古墳が造られる ―

古墳時代前期の前方後円（方）墳の築造に関連する遺跡は、2km～3km程度の範囲にまとまる状況が見て取れる（図2・3）。鹿乗川流域遺跡群については、見かけ上、塚越古墳と二子古墳を含む坂戸遺跡から亀塚遺跡までの「北群」、獅子塚古墳と姫小川古墳を含む姫下遺跡から惣作遺跡までの「南

2 三河における桜井古墳群の特色

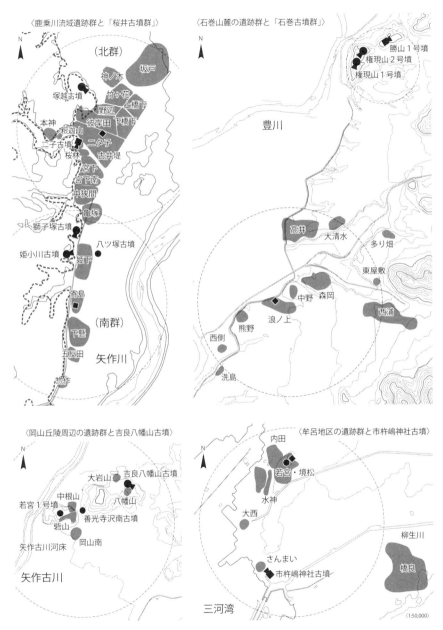

図2　前期の前方後円(方)墳と関連する遺跡群(1)

第 2 章　三河国、ここにはじまる

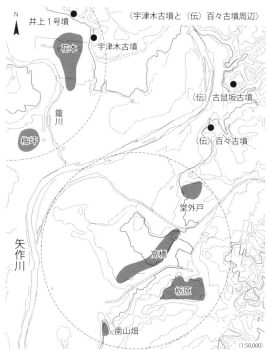

図3　前期の前方後円（方）墳と関連する遺跡群（2）

2 三河における桜井古墳群の特色

群」に分けられることが多く、二つの遺跡群が連接した姿、大きさと見ることもできる。対して、石巻山麓の遺跡群と「石巻古墳群」は、本坂峠に通じる古代二見道（本坂道、後世の姫街道）を介してやや離れて分布する。また、開けた低地に居住する傾向が顕著な鹿乗川流域遺跡群と、丘陵地に継続して居住する傾向が顕著な石座神社遺跡（図4）や中根山遺跡という具合に、集落の景観は一様ではない。こうした差異がありながら、これらの遺跡群には幾つかの共通する特徴も認められる。

　一つは、遺跡群に弥生時代の拠点集落を特徴付ける環濠が必須ではない点である。遺跡群はむしろ開放的で、さながら「寄り合い所帯」のようにして、人びとが集まっていたと想像される。鹿乗川流域遺跡群で比較的多く出土する畿内周辺地域や北陸地域など、他地域に由来する土器、あるいは人面土器に描かれた鯨面（を習俗とする集団）はこうした事情を反映しているのかもしれない。土器に加えて、水神貝塚出土の南海産イモガイ縦型貝輪、高井遺跡出土の土製紡錘車に施された龍を抽象化した線刻、石座神社遺跡出土の破鏡（方格規矩四神鏡）、南山畑遺跡や上ノ川遺跡出土の高度な製作技術を要する立体的な鉄鏃、内田貝塚出土のイモガイを起源とする

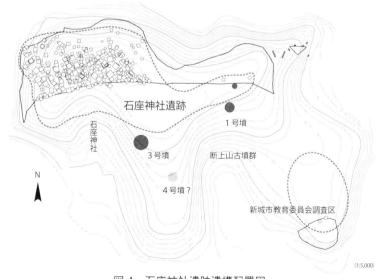

図4　石座神社遺跡遺構配置図

石製品(紡錘車形石製品)等の遠隔地、新来の文物が遺跡にもたらされていることも注目に値する。

　二つは石座神社遺跡の建物遺構や、鹿乗川流域遺跡群の建築部材が端的に示すように、遺跡群には大型の建物が存在する一方、古墳の埋葬儀礼に際して特別に扱われることが多い金属製品、赤色顔料(水銀朱)が特定の遺跡や地区に集積された形跡には乏しく、集落の中心性があまりはっきりしないことである(図5)。樋上昇による一連の研究によると、鹿乗川流域遺跡群で豊富に出土している木製品からも同様の傾向が見て取れるようである(樋上2013)。このことは、遺跡群に典型的な「首長(豪族)居館」を見出し難いこととも関連するのかもしれない。

　三つは、各居住地に方形周溝墓群のような集団墓地は付属しない事例が多い一方(早野2017)、鹿乗川流域遺跡群古井堤地区SX1、寄島遺跡、若宮・境松遺跡、浪ノ上遺跡、中根山遺跡のように、居住地に接して単独または数基の古墳(墳丘墓)が営まれることである。相対的な築造墓数の減

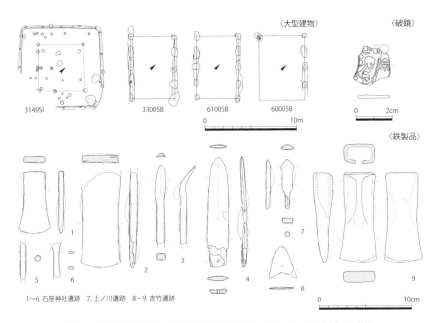

図5　石座神社遺跡(雁峰山麓の遺跡群)の特徴的な遺構と遺物

少に加えて、浪ノ上1号墳に類例の少ない素環頭鉄剣（舶載素環頭鉄刀の再加工品）が副葬されていることは、次代には古墳に埋葬されるような有力者が析出しつつあった状況が読み取れる。築造される場所に加えて、中根山遺跡の竪穴建

図6　石座神社遺跡出土の底部穿孔壺
（愛知県埋蔵文化財センター提供）

物から若宮1号墳・善光寺沢南古墳と同様の埴輪、あるいは石座神社遺跡から底部穿孔壺（図6）が出土していることは、これらの古墳（墳丘墓）の被葬者と集落との深い結びつきを端的に表している。

　これらの遺跡群に共通する特徴から、必要な物資や貴重な財を獲得し、それを独占することなく、集まった人びとに分配することで、集団内における優位性や威信を高めた特定の個人とその近親者が遺跡群と関わりの深い古墳に埋葬されるようになった過程を推測してみることも可能ではないだろうか。このように、古墳と結びつく集落遺跡に目を向けることで、古墳の築造をヤマト王権との関係を取り結んだ証拠とする従来の一面的な見方だけではなく、さまざまな見方が可能となることを強調したい。

3　鹿乗川流域遺跡群の人びとと「桜井古墳群」

　「桜井古墳群」は「地域密着型」の古墳としては、少なくとも三河では最大級で、鹿乗川流域遺跡群はその築造を支えた集落としてふさわしい。ところで、鹿乗川流域遺跡群にはどれくらいの人びとが住み、二子古墳や姫小川古墳の築造を支えたのであろうか。前段における遺跡群相互の類似を前提として、豊川中流域の断上山10号墳の築造に関係したと考えられる雁峰山麓の遺跡群、石座神社遺跡（図4）の調査結果から推計してみよう。

　石座神社遺跡では集落の約半分を良好な状態で調査し、合計336棟の竪穴建物を検出した。遺跡は約200年間継続したと推定されることからも、同時に存在した竪穴建物は多い時期で40棟前後、遺跡全体では80棟前後と推定される。さらに、周辺の遺跡は同時に4、5棟程度が存在したと考えられることから、遺跡群全体では100棟前後、1棟に4、5人が住んだ

とすれば、遺跡群の人口は 400 人から 500 人程ということになろうか。つまり、遺跡群の 400 人から 500 人程の人口が 50m 級の前方後方（円）墳の築造に対応するという推計結果が導かれる。

　北群と南群からなる鹿乗川流域遺跡群にこの推計結果を適用すれば、同時に存在した竪穴建物は 200 棟前後、遺跡群の人口は 800 人から 1,000 人ということになる。なお、二子古墳や姫小川古墳は断上山 10 号墳より一回り大きいので、さらに人口が多かった可能性もある。ちなみに、古代の「郷」は原則として「五十戸一里」で編戸され、一戸当りの平均人数は 20 人とされることから、1,000 人という人口はおおよそ古代の「郷」の人口に匹敵する。

4 「桜井古墳群」の今とこれから

　一見、古墳の埋葬施設や副葬品は華やかで、どうしてもそちらに目を向けたくなる。そのような見方からすれば、「桜井古墳群」や古墳時代前期の三河の前方後円（方）墳は一見の華やかさには乏しいかもしれない。対して、鹿乗川流域遺跡群の調査はある意味地味でありながら、三河には比較対象も豊富で、巨大な古墳が造られた当時の時代背景を詳しく再現するための魅力的な素材が充ち満ちている。その素材をどう活かすかは、地域社会と歴史研究に携わる人びとの手腕にかかっている。

註
(1)　鹿乗川流域遺跡群は安城市教育委員会と愛知県埋蔵文化財センターによる 20 年近くに及ぶ断続的な発掘調査が行われ、調査面積は約 8 万㎡、刊行された発掘調査報告書は約 30 冊、出土後に報告された遺物（土器・石器・木製品・金属製品）は 2 万点以上にも及ぶ。
(2)　古墳築造にかかる労働力については、吉備を対象とした横地勲による推計がある（横地 2010）。それを参考にすると 100m 前後の前方後円墳の築造には、旧郡で 2 郡から 3 郡程度の労働力が動員されたと考えられる。

主要引用・参考文献
北村和宏　2009「甲山 1 号墳の再検討―三河国最大級の前方後円墳か―」『三河考古』20、三河考古刊行会

西島庸介 2010「三河における前期古墳の研究」『研究紀要』17、安城市歴史博物館

早野浩二 2017「鹿乗川流域遺跡群における「方形周溝墓」の再検討」『研究紀要』18、公益財団法人愛知県教育・スポーツ振興財団愛知県埋蔵文化財センター

樋上　昇 2013「木製品からみた鹿乗川流域遺跡群」『変貌する弥生社会　安城市鹿乗川流域の弥生時代から古墳時代』考古学フォーラム

横地　勲 2010「吉備の古墳築造労働力の推移とその歴史的背景」『待兼山考古学論集Ⅱ―大阪大学考古学研究室 20 周年記念論集―』大阪大学考古学友の会

3 考古学から穂国造を考える

岩原　剛

1　穂国造（ほのこくぞう）とは

奇書として知られる『先代旧辞本紀』は、平安時代初頭の延喜年間（901～923）以前に、物部氏が編纂した書物である。その内容は信憑性に欠けると言われているが、こと巻十『国造本紀』については『古事記』や『日本書紀』にない内容が見られることから、信頼のおけるものとされている。『国造本紀』は、大化改新より後に設置された国（伊勢・尾張・三河・遠江・駿河など、現在も地方名となって残る国々）よりも前に存在した地域区分としての国々と、それを治めた有力者「国造」（同章第7節参照）を淡々と記したものである。

三河地方にはどんな国があったのだろうか。『国造本紀』では、東海地方の国造の名前と成立時期、初代国造の名前を淡々と列記している。

……伊賀国造　伊勢国造　嶋津国造　尾張国造　参河国造　穂国造　遠淡海（とおつおうみ）国造　久努（くぬ）国造　素賀（そが）国造　珠流河（するが）国造……

尾張地方の尾張国造と浜名湖のある遠淡海国造の間には参河国造と穂国造があって、参河は現在の西三河地方、そして穂国はその配列順から、東三河地方にあった国を指すと考えられている。つまり、三河地方にはかつて2つの国が存在しており、それぞれが現在の東西三河地方に比定されている。

国造本紀では、穂国造に菟上足尼（うなかみのすくね）が任じられたことを記すが、その実態はと言えば具体的には何も分かっていない。『古事記』・『日本書紀』など、当時の歴史書に穂国造名での事績がなにも書かれていないからだ。そうすると、穂国やその国造の実態は、同時代の古墳や遺跡の動向から考古学的に推定することが最も有効な手段になる。国造制の成立は、篠川賢の研究によれば西日本では6世紀前葉、東日本では6世紀末葉であったとされる

（篠川 1996）。であれば、6世紀末葉から律令制での三河国が成立する7世紀半ばまでの古墳の動向こそが穂国の動向を探る鍵となる。

2　東三河の後期首長墓の動向

　本稿に与えられた命題は、古墳を歴史叙述に有効な「史料」と捉え、古墳時代の東三河における政治的な動向を探ることで、謎に包まれた「穂国」や「穂国造」の実態に迫ることである。

　筆者は、古墳時代中期末から後期を中心に、東三河で前方後円墳を中心とした首長墓のまとまりを7か所ほど想定している（図1）。

　東三河では、古墳時代中期後葉に全長95mの船山1号墳（豊川市）が突如として築造される。しかし、その前後の時期には全長30～40mほどの小規模な前方後円墳や直径30～40mのやや規模が大きな円墳からなる首長墓が、ある程度のまとまりをもって分布する。

　それは古墳時代後期に入ってからも同様である。ただし5世紀末から6世紀初頭にかけて、それまで存在しなかった豊橋市北部や渥美湾沿岸に首長墓が築かれ、さらに6世紀中葉からは、比較的大型の円墳で規模の大きな横穴式石室を持つ首長墓群が渥美中部に現れる。こうした新たな首長墓のまとまりは、各地域での新興勢力と言い換えることができる。その背景には、日本列島全体の政治的な動向や、地域内での社会変動、さらには他地域からの集団移住などさまざまな要因が考えられる。いずれにせよ、東三河では古墳時代後期になると、中期以上に地域が細分化され、新たな首長達が出現するのである。そして古墳の規模から見て彼らの勢力は拮抗しており、船山1号墳の被葬者のように突出した権力を持つ者は無かった。

　そして古墳時代後期末、6世紀末になると、豊橋市北部勢力のなかから一人の絶大な権力者が現れる。その人物の名は記録には残らないが、彼を葬った墓の偉容がその実力を十二分に伝えてくれる。その墓の名前は、馬越長火塚古墳という。

第2章 三河国、ここにはじまる

西暦	型式期	渥美東部	渥美中部・西部	渥美湾沿岸	豊橋市北部	豊川市南部	豊川市北部
AD.500	TK47						念仏塚4 25　念仏塚3 25
	MT15			三ツ山 38	弁天塚 43	御津船山 38	
	TK10古			車神社 42		天王山 35	
	TK10新				寺西1 25　狐塚 38		
	TK43	梅田G1 42	神明社 栄巌1 17　新美 藤原1 20　26	妙見 51	↑↓	笹子　権現山 16	舟山2 42
AD.600	TK209		城宝寺 25	今下 牟呂 神明社 王塚 27.5	馬越長火塚 姫塚 70　大塚南 24	穴観音 20	
	TK217		籠池 21	宮脇1 14	段塚 18　口明塚南 21　22　上向嶋2 18		

※白抜きは、編年的根拠の希薄なもの

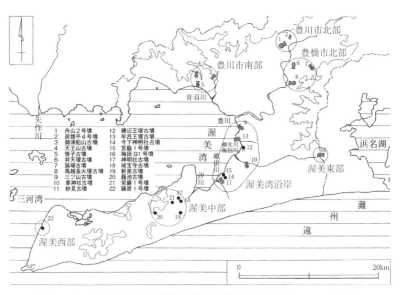

1 舟山2号墳　12 磯辺王塚古墳
2 炭焼平4号墳　13 牟呂王塚古墳
3 御津船山古墳　14 今下神明社古墳
4 天王山古墳　15 宮脇1号墳
5 笹子古墳　16 梅田G1号墳
6 弁天塚古墳　17 神明社古墳
7 馬越長火塚古墳　18 城宝寺古墳
8 狐塚古墳　19 新美池古墳
9 三ツ山古墳　20 栄巌1号墳
10 車神社古墳　21 藤原1号墳
11 妙見古墳　22

図1　東三河における後期首長墓の系譜と分布（岩原2012aを改変）

3　馬越長火塚古墳群

　馬越長火塚古墳は、豊橋市北部ののどかな農地にある、全長70mの前方後円墳である。後円部には全長17.5mを測る県内最大の横穴式石室が開口しており、今でも内部に入ることが出来る。そして長火塚古墳の西側には大塚南古墳（直径19m）、口明塚南古墳（直径23m）の2つの円墳がある。以上の3つの古墳は、豊橋市教育委員会が行った発掘調査によって古墳時代後期末から終末期にかけて築かれた代々の有力者の墓と判明し、「馬越長火塚古墳群」の名称で国の史跡に指定されている。

　中でも、馬越長火塚古墳は棘葉形杏葉（図2-1）を含む豪華な金銅装馬具や、国内では例を見ない文様のトンボ玉、石室の入口で盛大なマツリを行ったときに使用された大量の須恵器などが出土しており、「愛知県馬越長火塚古墳出土品」として、国の重要文化財に指定されている。古墳時代後期において、東海地方では最高峰の副葬品群である。

　また、墳丘の全長は古墳時代全体から見れば決して大きな部類ではないが、時期を6世紀後半以降に限定すれば、東海地方最大の規模である。しかも墳形は極めて特徴的で、後円部は中央がドーム状に著しく高まり、裾周りが階段状になだらかに下がること、全体にくびれが弱く低平な前方後円形の墳丘下段の上に、前方部が細長い形状をした墳丘上段が載るなど、前方後円墳としては特異な形状である。当初は地方で創出されたイレギュラーな墳形と考えられてきたが、土生田純之によって「見瀬（五条野）丸山型前方後円墳」のひとつと捉えられることで、歴史的に大きな意義が見出されることとなった（土生田2012）。

　馬越長火塚古墳は、穂国の領域の古墳中でも最高の内容を持ち、当時としては東海地方でも破格である。従って、築造された推定時期と文献史学の成果から、これを穂国造の墓とするのは自然な理解といえるだろう。さらに、古墳群を形成する2つの円墳は後続した国造家の当主の墓と考えられる。大塚南古墳からは金銅装の花形鏡板、口明塚南古墳からは金銅製の毛彫文馬具が出土しており、三代にわたって金銅装（製）馬具を副葬するという共通性が見てとれる。

第 2 章　三河国、ここにはじまる

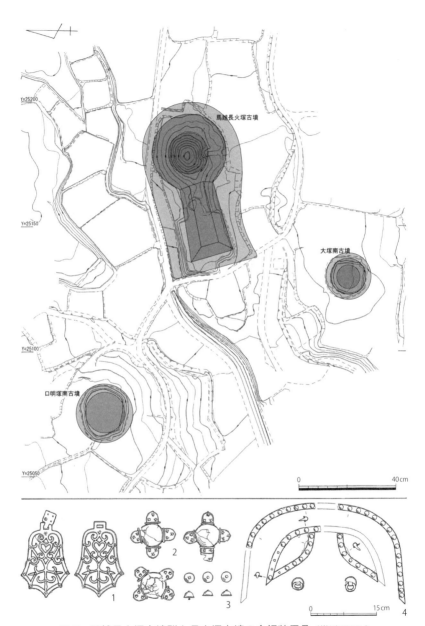

図 2　馬越長火塚古墳群と長火塚古墳の金銅装馬具（岩原 2012b）

4　見瀬丸山型前方後円墳と棘葉形杏葉の評価

　「見瀬丸山型前方後円墳」とは、先に挙げた馬越長火塚古墳の墳形の特徴と共通する形状の前方後円墳群で、6世紀後半に築造されている。真の欽明天皇陵と考えられている奈良県橿原市の見瀬丸山古墳を筆頭に、西日本各地に分布しており、全長318mの巨大な見瀬丸山古墳を除き、墳丘の全長は50〜100m程度である。そしてそれぞれの古墳は、韓半島との積極的な外交を進めた欽明天皇と、同時期に外交関係で活躍した地域・氏族の首長墓と見なされている（土生田 2012）。馬越長火塚古墳に見られる棘葉形杏葉やトンボ玉も韓半島に深く関わる遺物であり、そうした役割を担って欽明朝を支えた地方首長のひとりであった可能性を示している。

　さらに馬越長火塚古墳群のすべての古墳に、金銅装馬具が副葬されていた。鉄製の実用馬具とは異なり、金銅装馬具は所有者の社会的な地位や役職を表現したステイタスシンボルであり、所有者の権力を象徴する威信財の役割を担ったと考えられている。馬越長火塚古墳に副葬された棘葉形杏葉は、文字どおりヒイラギの葉のような、棘のついた葉をかたどったような形状の馬具である。この「棘葉形」という形態に着目し、列島での分布や副葬された古墳を見ていくと、じつに興味深い。

　列島で出土した棘葉形杏葉は、形状こそよく似るものの、明らかに製作技法が異なる複数の系統が存在している。前段階の威信財とされた金銅装馬具は、同一形状でもこれほどのバラエティーは認められない。異なる技術を保持した複数の工房が、「棘葉形」という形状を強く意識し、それぞれの技術をもとに製作を進めている。まるで最新のモードに憧れ、競って製作し合うかのようである。

　そして、棘葉形杏葉が出土した古墳は、各地の大首長墓に目される、優れた内容を誇っている。棘葉形杏葉の文様意匠はそれに呼応するように精緻を極めた優美な作例があり、現在国宝に指定されているものもある。

　棘葉形杏葉は、6世紀後葉の各地の最高権力者が保有した威信財であり、それを下賜した王権との深い繋がりを示す。穂国造と王権との深い繋がりをここからも見出すことができるだろう。

第2章　三河国、ここにはじまる

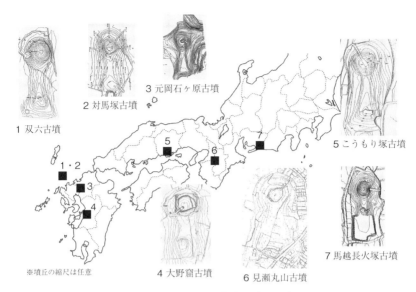

図3　見瀬丸山型前方後円墳の分布

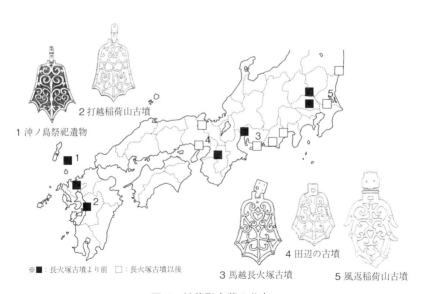

図4　棘葉形杏葉の分布

5 文献に現れる、2つの「穂国造」

 ところで、文献史学の世界では「穂」の地名が豊川右岸の現在の豊川市を中心とする地域に比定される（古代の郡名である「宝飫郡」や、奈良県明日香村の石神遺跡から出土した木簡の「三川国穂評穂里穂部佐」記載）ことから、穂国造の本拠地を豊川市付近に比定する意見が強い。その場合、よく引き合いに出されるのは船山１号墳の存在である。しかし船山１号墳の築造時期は中期後葉（５世紀後葉）であり、文献史学の研究結果である国造制の成立時期（６世紀末葉）とは齟齬を来してしまう。船山１号墳の被葬者の家系が、後に東三河の領域を統括した可能性は否定できないが、その場合でも、前述したように各地の勢力とは拮抗した関係にある不安定なものだったと推定される。一方で、近年文献史の研究者によって興味深い指摘がなされているので紹介したい。すなわち、もうひとつの穂国造家である。

 『日本書紀』大化二（646）年三月辛巳条に、東国に派遣された国司が任地で行ったことに対する不正について、それを行った国司と結んだ国造を処分したが、褒賞を与えられた者についても挙げている。その人物の中に、「三河大伴直」の名が見える。「直」は国造の姓であり、すなわち「三河大伴」なる人物は国造であった（荒木2012）。ただし、この場合の三河は西三河ではない。平安時代以降の文献に、東三河の豊川左岸にある古代の八名郡（現在の豊橋市北部から新城市の豊川左岸付近）に属する、伴（大伴の末裔）を名乗る人物が多く現れるので、７世紀半ばに存在した国造は八名郡域を本拠地とした大伴氏と推定される。

 国造家が、万世一系である必要は無い。筆者は、国造制の施行は６世紀末であり、馬越長火塚古墳の出現はそこに連動するものと考えている。ただし、後の穂国にあたる領域を初めて統括した人物は、船山１号墳の被葬者とするのが妥当である。そしてそれを行った「英雄」とその本拠地が「穂国創立譚」として伝えられ、初代穂国造として象徴的に取りあげられたのではないだろうか。であるとすれば、穂国造の設置時期が他の東海諸国のような、「架空の天皇」とされる神武朝や成務朝とは異なり、雄略朝（５世紀後葉）とする点はきわめて示唆的である。

 そして古代の八名郡を本拠地とした大伴氏が、半世紀ほど遡り、旧八名

郡域にある馬越長火塚古墳の被葬者であったとする考えは、東三河の古代史に具体性を持たせるものとしてきわめて魅力的である。全盛期に比べて勢力が後退したとはいえ、大伴氏はヤマト王権を支える有力氏族のひとつだ。その大伴氏と擬制的な同族関係を結び、中央と深く結びついた地方豪族の姿が思い浮かぶ（荒木2014）。

6　穂国から三河国へ

　多分に推定も交えながら、穂国と国造の実態を探ってみた。古墳時代中期から後期の東三河地方は、ほぼ等質的な小勢力が拮抗しあう中で、突如として英雄的な首長が現れ地域を統括することを繰り返したようだ。そして英雄的な首長は、ヤマト王権ときわめて深い関係を結び、地方首長として王権を支え、その政策の一翼を担った可能性がある。馬越長火塚古墳などは単なる地方首長としての枠を越え、日本史上での評価が必要とする意見もあり、重要な視座である。

　最後に、参河国造の動向にも触れておこう。西三河地方でも古墳時代後期前葉（6世紀前葉）の豊田大塚古墳など、優秀な首長の存在を示す古墳はあるが、後期中葉以降は前方後円墳が築かれず、突出した内容の古墳は見出せない。その中で経ヶ峰1号墳や神明宮1号墳など、中期後葉から終末期（5世紀後葉から7世紀）まで継続する岡崎市東部の首長墓群が参河国造の奥津城に比定されるが、古墳の内容が他地域を遥かに超えるとは言えない。西三河地方では墳丘の大きさや副葬品の内容にこだわりが見出しにくいことから、王権との繋がりを薄め、独自の価値観に基づく地域社会を形成しつつあったと考えられる（岩原2012）。こうした地域的な性質の違いが、古代三河国の成立に際して、中枢施設である国府を穂国の領域に設置させる原因となったのではないだろうか。

主要引用・参考文献

　荒木敏夫　2012「三河の国造制―穂国造と東三河―」『馬越長火塚古墳群』豊橋市教育委員会

　荒木敏夫　2014「三河大伴（部）直氏と三河伴氏」『敗者の日本史4 古代日本の勝者と敗者』吉川弘文館

岩原　剛　2012a「馬越長火塚古墳と後期首長墓の展開」『尾張・三河の古墳と古代社会』同成社
岩原　剛　2012b「総括」『馬越長火塚古墳群』豊橋市教育委員会
篠川　賢　1996『日本古代国造制の研究』吉川弘文館
土生田純之　2012「8．墳丘の特徴と評価」『馬越長火塚古墳群』豊橋市教育委員会

4 桜井古墳群にみる古墳時代前期首長墓の諸相

鈴木一有

はじめに

　愛知県安城市に位置する桜井古墳群は、東海地方を代表する古墳時代前期の古墳群である。この古墳群の中心をなすのは、二子古墳（前方後方墳、全長68m、以下パーレン内の数値は古墳の規模を示す）、姫小川古墳（前方後円墳、65m）、塚越古墳（前方後円墳か、42m）、獅子塚古墳（前方後円墳か、40m以上）の4基の前方後円（方）墳である[1]。これらの首長墓は矢作川右岸の碧海台地上、南北3kmの範囲に築かれ、周囲には小規模な古墳もみられる。埋葬施設や副葬品にかかわる情報は塚越古墳を除き知られていないが、墳形や墳丘の特徴から、古墳時代前期でも比較的古い段階から古墳群の造営が始まったと捉えられる。

　なかでも二子古墳は、墳丘の遺存状態が良好で、桜井古墳群を代表する墳墓として広く知られている。本稿では、二子古墳の位置づけを中心に桜井古墳群の諸特徴を評価し、東海地方各地の前期古墳との比較を通じ、この古墳群の特質を明らかにしてみたい。なお、本稿で用いる時期区分および暦年代観は図5・6に示す。

1 二子古墳と桜井古墳群の首長墓系譜

　二子古墳は、全長68mの前方後方墳で、2003（平成15）年に墳丘と縁辺部を対象とした発掘調査が行われた。この調査によって、二子古墳には葺石や埴輪がみられないことが明確にされ、古墳の周囲に僅かながら周溝があることが確かめられた（李編2007）。古墳の築造時期を直接的に示す物的証拠が得られなかったものの、この古墳の基礎的な情報を明らかにした点で、注目できる発掘調査であったといえるだろう。

4　桜井古墳群にみる古墳時代前期首長墓の諸相

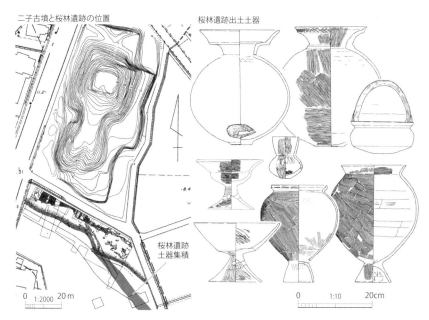

図1　二子古墳と桜林遺跡（伊藤 1998 より一部改変）

　二子古墳の前方部南東には谷があり、大量の古式土師器が廃棄されていた。桜林遺跡と命名されたこの遺跡の出土遺物は、古墳時代前期初頭に位置づけられる元屋敷様式新段階を中心としており、二子古墳の築造時期を考える上でも参照すべき事柄といえる（伊藤編1998、図1）。赤塚次郎は、桜林遺跡における土器集積を二子古墳の造営に結び付けて理解する（赤塚1997）。いっぽう、伊藤基之や西島庸介は、桜林遺跡に二子古墳と直接関連づける遺構などがみられないことから、両者の関係については慎重な立場をとる（伊藤編1998、西島2011）。しかし、桜林遺跡の土器集積の形成箇所は二子古墳と一体の空間と捉えうる隣接地であることを考えれば、大量の土器の廃棄行為と二子古墳の築造を乖離させて捉えることは難しいであろう。二子古墳の築造時期は、桜林遺跡における土器集積の形成時期に併行するか、もしくはあまり時期を隔てない頃、すなわち古墳時代前期前半と想定するのが妥当と考える。二子古墳の墳形、段築や葺石、埴輪をもたないという特徴も、これから詳述するように、この年代観と矛盾しない。

姫小川古墳についても、2008年および2011年に発掘調査が行われ、全長65mという二子古墳とほぼ同規模の前方後円墳であることが確認された（岡安他編2011）。葺石をもたない点も二子古墳と共通し、古墳時代前期でもより古い時期の築造と捉えられる。桜井古墳群における首長墓系譜を単系列と考えるなら、全国各地で確認できる前方後方墳から前方後円墳へと墳形が変換する事象の一つに加えることができ、二子古墳からみて次世代の墳墓である可能性が高いだろう[2]。姫小川古墳では、2016年に行われた発掘調査によって壺型埴輪が出土した。二子古墳を前期前葉の築造とみるなら、姫小川古墳は古墳時代前期中葉〜後葉の築造とみられる。

　塚越古墳は桜井古墳群の首長系譜の中で唯一、埋葬施設と副葬品にかかわる情報が知られている古墳である。古墳は全長42mの前方後円墳[3]で、木棺直葬とみられる埋葬施設からは紡錘車形石製品1点、鋸1点、鑿状鉄器1点などが出土している。築造時期は副葬品の内容から古墳時代前期後葉とみられる（北村2004）。

　獅子塚古墳は、現状では後円部のみが現存する（川﨑2004）。削平された前方部については、立会調査で確認された箇所と後円部の規模から復元的に想定することができる。これらの情報から、本墳は本来、全長50m程度の前方後円墳であったとみられる[4]。獅子塚古墳の前方部では、2010年に実施された工事立会調査によって壺形埴輪が出土した（安城市教育委員会2015b）。壺形埴輪は鍔状の突帯をもつもので、古墳時代中期初頭頃に位置づけられる。桜井古墳群の首長墓系譜の中では最も新しい時期の築造と捉えることができるだろう。

　以上のことから、桜井古墳群の首長墓系譜は、二子古墳→姫小川古墳→塚越古墳→獅子塚古墳という築造順序が想定できる[5]。墳丘規模は全長40〜60m級で、互いに近似しており、古墳時代前期前葉から中期初頭にかけて比較的安定的に古墳の造営が継続したと考えられる。また、墳丘には円筒埴輪がみられず、葺石の存在はいずれの古墳も明確でない。互いに共通性が高いことは、この古墳群を考える上で注目しうる特徴といえるだろう。

2 東海地方における前期古墳の二相

　二子古墳にみる諸特徴のうち、①墳丘長68mの前方後方墳であること、②葺石をもたないこと、③円筒埴輪を樹立していないことの3項目に注目し、各地で調査が進んでいる東海地方の前期古墳と比較検討してみたい。

　まず、同等規模の前方後方墳を東海地方各地に求め、比較検討しておく。図2は東海地方における前方後方墳の墳丘長を比較したものである。東海地方の前方後方墳の墳丘規模は、40m級を頂点に正規分布に近い分散状況を示している。墳丘長68mの二子古墳は東海地方の前方後方墳の中では標準的な一群（40〜70m級、中型とする）に属し、その中でも比較的規模が大きい部類にあたるといえるだろう。標準的な一群から逸脱するのは、岐阜県粉糠山古墳（こぬかやま）（100m）と静岡県浅間古墳（せんげん）（103m）の2基である（大型とする）。この2基は墳丘規模が近似する点でも注目でき、二子古墳が属する標準的な前方後方墳の一群とは性格が異なる被葬者像を想定すべき事例といえる（中井2005、第2群前方後円墳）。

　中型として位置づけた40〜70m級の前方後方墳は、特定地域に集中することなく、東海地方各地に散在している。東海地域で二子古墳と似た規模の前方後方墳を探すと、静岡県高尾山古墳（たかおさん）（62m）、愛知県東之宮古墳（ひがしのみや）（67m）、愛知県高御堂古墳（たかみどう）（65m）、三重県向山古墳（むかいやま）（71m）などがあげられる（図3）。これらの古墳の築造時期は、弥生時代終末期（古墳時代初頭に含める考えもある）から古墳時代前期中葉までの間におさまる。間接的であるが、二子古墳の築造時期を考える上で参照すべき情報であろう。

　東日本における古墳出現期の前方後方墳として著名な長野県弘法山古墳（こうぼうやま）（図3）の墳

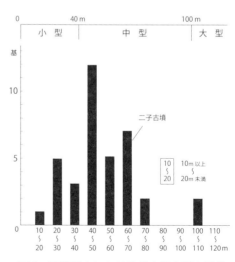

図2　東海地方における前方後方墳の規模

第 2 章　三河国、ここにはじまる

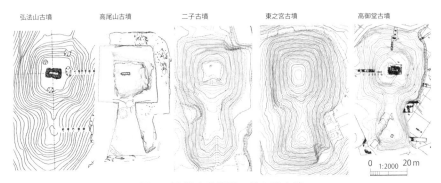

図 3　近似する規模の前方後方墳
（斎藤 1978、池谷 2012、李 2007、愛知県 2005、浅田 2014 より一部改変）

丘長が 66m と二子古墳とほぼ同規模である点も偶然ではないだろう。弘法山古墳と築造時期が近い高尾山古墳の規模が全長 62m であることも考慮すると、弥生時代終末期から古墳時代前期中葉頃にかけて、墳丘長 60m 級という規模が、地域における最高位の首長墓にふさわしい大きさとして東日本の各地で共有化されていた可能性がうかがえよう。

　二子古墳をはじめ桜井古墳群の首長墓には葺石がみられない。葺石は近畿地方中枢部の大部分の大型前期古墳で採用されており、近畿地方外縁部においても古い時期から導入されている。東海地方の前期古墳を俯瞰すると、伊勢や美濃、尾張の前期古墳には葺石が高頻度で採用されている。発掘調査された前方後方墳に限っても、先に紹介した東之宮古墳や高御堂古墳をはじめ、岐阜県象鼻山 1 号墳（40m）、三重県錆山古墳（47m）など、葺石をもつ前方後方墳は数多い。いっぽう、三河以東の地に目を移すと、葺石をもたない前方後方墳が散見できる。発掘調査された事例に限っても、静岡県北岡大塚古墳（49m）や高尾山古墳などが葺石をもたない確実な事例である。関東の古い段階の前期古墳は一般的に葺石がみられないことをふまえると、葺石をもたないことは東日本の前期古墳に多くみられる特徴の一つとして認識できるだろう。葺石をもたないという点では、桜井古墳群は東日本的な特徴を示し、日本列島を二分する東西の境界地にあたると評価しうるだろう。

　さいごに、円筒埴輪をもたないことにも触れておこう。東海地方では近畿

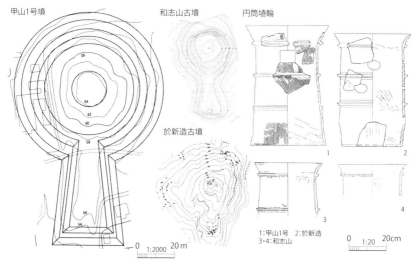

図4 岡崎市域における埴輪をもつ前期古墳
(北村2009、愛知県2005、徳田・清喜2012より一部改変)

地方と比べて円筒埴輪の採用は遅れる。尾張では、前期中葉に築造された白鳥塚古墳(前方後円墳、109m)にはみられず、前期後葉の青塚古墳(前方後円墳、123m)や白山神社古墳(前方後円墳、100m)、中社古墳(前方後円墳、64m)に初めて採用されている。三河においても同様で、桜井古墳群が築かれた安城市域とは築造位置を隔てた岡崎市域に前期円筒埴輪の出土古墳が知られている。於新造古墳(前方後円墳、42m以上)、和志山古墳(前方後円墳、60m)、甲山1号墳(前方後円墳、120m)などが該当し、いずれも前期後葉に位置づけうる。遠江においても、前期後葉に築造された松林山古墳(前方後円墳、107m)において初めて円筒埴輪が採用されている。これら東海各地で円筒埴輪が採用された古墳は、全長100mをこえる中核的な前方後円墳を含むことや、築造時期が前期後葉に集中する点で共通性が高く、それ以前に築造された首長墳との違いが見いだせる。円筒埴輪が近畿地方中枢部で発達することをふまえれば、中核的な前方後円墳の築造と各地における円筒埴輪の採用の背景には、倭王権との強い結びつきがあったものと捉えて大過ない。桜井古墳群は、こうした動きがみられる前段階に主要な古墳の築造がはじまっている。また、現状で埴輪の存在が確認できる事例に

ついても、姫小川古墳や獅子塚古墳にみられるように、円筒埴輪ではなく壺形埴輪を採用するなど、地域における系譜のちがいが看取できる。

　東海地方の各地では、古墳時代前期中葉まで全長100mを超えるような中核的な前方後円墳は築かれていない。それ以前の首長墓系譜は、墳丘長40〜60mほどで一定しており、古墳時代前期初頭から中葉までの地域社会のまとまりは、前期後葉以後のそれとは異なっていた可能性が高いと考えられる。弥生時代から連続する拠点集落をもとにした地域秩序の中心地に構築された墳墓が全長40〜60m級の前方後方（円）墳であり、桜井古墳群もその典型例の一つとして捉えることができるだろう。こうした地域拠点の領域は、おおよそ同一河川流域や丘陵地などで囲まれた小地域とみられ、奈良時代における郡のまとまりとも近似するとみられる。桜井古墳群の場合、矢作川中流西岸域である碧海郡を中心とした地域がその範囲に相当するといえるだろう。この地域における拠点集落は、600点を超える外来系土器が出土している鹿乗川流域遺跡群である。桜井古墳群を出現せしめたのは、この遺跡群がもつ広域交流の結節点としての優位性にあることは多くの論者が指摘している（岡安編2014）。

　いっぽう、古墳築造の動向をたどる限り、矢作川流域の政治的な秩序は、古墳時代前期後葉に再編が急速に進んだとみられる。円筒埴輪を備える於新造古墳や甲山1号墳にみられるように、矢作川流域の最有力拠点が現在の岡崎市域（額田郡域）に出現する。甲山1号墳の全長120mという隔絶的な墳丘規模に示されるとおり、新たに形成された中核的な地域拠点の勢力圏は西三河の広範囲に及ぶものであったとみられる。巨大な墳丘と葺石、円筒埴輪の採用にみられるとおり、前期後葉における中核的な地域拠点の形成には倭王権の強い関与があったことがうかがえる。当該期の倭王権の中心は佐紀古墳群の造営主体であり、伊勢の能褒野王塚古墳（前方後円墳、90m）や、尾張の青塚古墳、中社古墳、白山神社古墳、遠江の松林山古墳など、近隣地域でも同時期の大型首長墳の築造が活発になる。こうした動きは東海地方にかぎらず、関東や西日本の各地でも認められることから、佐紀古墳群造営勢力が主導した日本列島規模の政治変動と連動したものと評価できるだろう。

4 桜井古墳群にみる古墳時代前期首長墓の諸相

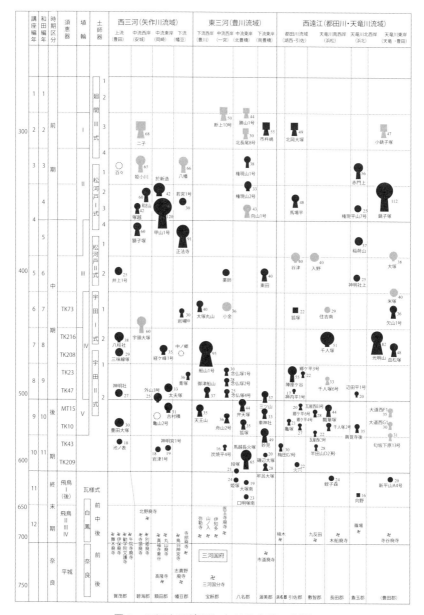

図5 三河と西遠江における古墳の変遷

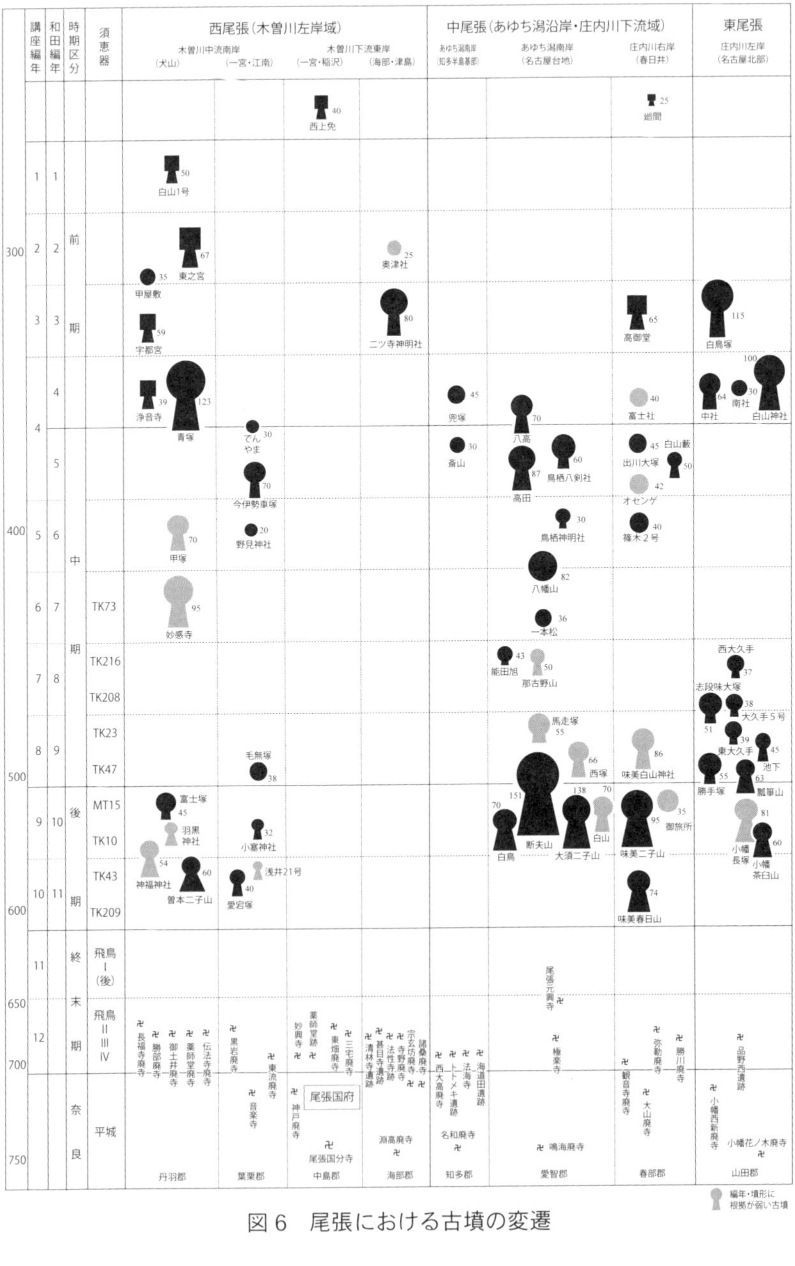

図６　尾張における古墳の変遷

3 まとめ ― 桜井古墳群の魅力 ―

　本論で整理した矢作川流域の前期古墳の動向をもとに、東海地方における古墳時代前期の首長墓系譜のあり方を整理すると、次のような二つの様相[6]に分けられることが指摘できる。

　古い様相（弥生時代終末期から）　全長40〜60ｍ級の前方後円（方）墳が複数世代にわたって構築される。古い段階には前方後方墳が、新しい段階には前方後円墳が築造される傾向がみられる。尾張以西では葺石を備えることが多いが、三河から東の地域では葺石をもたない事例が支配的になる。円筒埴輪は採用されず、壺もしくは壺形埴輪が墳丘におかれる。安定した古墳群の造営は、弥生時代から連続する拠点集落の営みを母体とする（典型例：桜井古墳群）。

　新しい様相（古墳時代前期後葉から）　全長100〜120ｍ級の中核的な前方後円墳が構築される。古墳の築造地は、前代までの首長墓がみられる地域であることが多いが、それまで目立った首長墓がみられない地域に築かれることもある。中核的な前方後円墳は、葺石や段築、円筒埴輪列などを備える。倭王権との強い結びつきがうかがえ、王権を介した交通網の形成が、中核的な地域拠点の選定にかかわっているとみられる（典型例：甲山１号墳）。

＊

　桜井古墳群のような古い様相をもつ首長墓系譜は東海地方の各地に見いだせる。具体例としては、伊勢の員弁川流域（桑名地域）、雲出川流域（一志・嬉野地域）、美濃の木曽川上流域（可児地域）、三河の豊川中流域（豊橋北部地域）、遠江の都田川流域（浜松北部地域）、駿河の浮島沼東岸域（沼津市西部地域）などがあげられる。このなかでも桜井古墳群は、二子古墳や姫小川古墳といった墳丘の保存状態が良好な古墳が多く含まれる点に加え、鹿乗川流域遺跡群という地域拠点形成の母体となった集落群の詳細が明らかにされている点で注目に値する。

　新しい様相の特徴として指摘した中核的な大型前方後円墳の築造は古墳時代中期や後期にも断続的にみられ、奈良時代における国府の造営にも繋がりが見出せる（鈴木2013）。いわば教科書的ともいえる政治的な歴史事象といえよう。いっぽう、桜井古墳群にみられるような古墳時代の中でも古

い様相と評価した地域拠点の推移は、日本列島の各地で繰り広げられながらも、視認しうる事例が少なく、その実態を認識することが難しい。この点で、保存状態が良好な桜井古墳群の情報が寄与する意義は全国的にみても大きいといえるだろう。桜井の地に残る古墳群とその眼下に望む集落景観は、3～4世紀に活躍した地域首長たちの記憶を呼び戻すことができる全国的にみても稀有な空間であり、末永く保護活用が続けられることが求められる。

註
(1) この他、比蘇山古墳についても全長40m級の前方後円（方）墳といわれることがある（加納2004）。本墳の墳形や規模については不明瞭な部分が多く、本稿では参照するに留めておきたい。
(2) 二子古墳と姫小川古墳の築造母体を別系譜と捉え、両者の築造時期を併行させて捉える考えもある（西島2011）。本稿ではこの説を退けるものではないが、二子古墳と桜林遺跡の土器集積の関係を積極的に捉える立場から、二つの古墳の築造には時期差があると捉えておきたい。また、2016年に姫小川古墳で実施された発掘調査において、わずかながらも壺形埴輪が出土したことにも注目しておきたい。出土した埴輪はいずれも小破片であることから、詳細な時期を絞り込むことは難しいものの、姫小川古墳は二子古墳に後続し、三河において初めて埴輪が導入される和志山古墳や於新造古墳、甲山1号墳と同時期か若干先行するものと捉えてよいだろう。
(3) 塚越古墳の墳形については、前方後方墳と捉える考えもある（北村2004）。
(4) 獅子塚古墳の墳形については、前方後方墳と捉える考えもある（川﨑2004）。
(5) 姫小川古墳から出土した埴輪の位置づけ次第では、姫小川古墳と塚越古墳の築造時期が、同時期か、もしくは逆転する可能性も考えられる。
(6) ここでいう古相と新相の時代差は、首長墓系譜の形成開始期の違いを示しているに過ぎない。古相の首長系譜が備える諸特徴は、新相の首長墓が構築された後にも維持される傾向を認めてよい。

主要引用・参考文献
赤塚次郎　1997「濃尾平野を中心とした庄内期の古墳出土土器について」『庄内式土器研究 XIII』庄内式土器研究会
浅田博造編　2014『高御堂古墳』春日井市教育委員会
池谷信之編　2012『高尾山古墳発掘調査報告書』沼津市教育委員会
伊藤基之編　1998『桜林遺跡』安城市教育委員会

岡安雅彦編　2014『大交流時代　鹿乗川流域遺跡群と古墳出現前夜の土器交流』安城市歴史博物館
岡安雅彦・伊藤基之・西島庸介編　2011『史跡姫小川古墳』安城市教育委員会
加納俊介　2004「比蘇山古墳」『新編安城市史』10 資料編考古、安城市
川﨑みどり　2004「獅子塚古墳」『新編安城市史』10 資料編考古、安城市
北村和宏　2004「塚越古墳」『新編安城市史』10 資料編考古、安城市
北村和宏　2009「甲山1号墳の再検討」『三河考古』20
斎藤　忠編　1978『弘法山古墳』松本市教育委員会
鈴木一有　2013「7世紀における地域拠点の形成過程」『国立歴史民俗博物館研究報告』179、国立歴史民俗博物館
徳田誠志・清喜裕二　2012「五十狭城入彦皇子墓の墳丘外形調査」『書陵部紀要』63［陵墓篇］、宮内庁書陵部陵墓課
中井正幸　2005『東海古墳文化の研究』雄山閣
西島庸介　2011「姫小川古墳の位置づけ」『史跡姫小川古墳』安城市教育委員会
李浩基編　2007『史跡二子古墳』安城市教育委員会

＊このほかの関連書籍については巻末の「桜井古墳群をもっと知るために」参照。

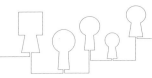

5 鹿乗川流域遺跡群の特質

寺前直人

はじめに

　鉄道の旅は、幾つになっても心踊るものである。とくに日中の移動で車窓からの景色を楽しむことができれば、なおよい。私は奈良に生まれ、大学生になってからは20年間近くを大阪で過ごしてきたが、縁あって2011（平成23）年から東京の大学で勤務している。実家は今も奈良にあり、家族の関係で広島に行く機会も多いので、プライベートや出張などをあわせると、一年で10回以上は新幹線を利用しているとおもう。

　そんな私が新大阪駅や京都駅といった関西の駅を発車して東京に向かうとき、車窓からみる風景のなかには、関西を離れていくと感じる節目の風景がいくつかある。その一つが、名古屋駅の手前からつづく濃尾平野が広々とした景色が途絶えるトンネルの存在だ。名古屋駅をでて15分ほど経過すると、立て続けに二つのトンネルを通過し、風景は一気に山がちに変化する。これらのトンネルの存在とその直後の浜名湖をわたる橋からの眺めが、私にとっては関西を離れ、いよいよ東日本に入ったと実感する景色である。

　このトンネルの手前こそが、本書でとりあげる愛知県安城市の桜井古墳群と鹿乗川流域遺跡群のある地であり、先のトンネルはおおよそ西三河と東三河の境に位置する。現代では鉄道や高速道路によって数時間で結ばれている日本列島であるが、鉄道や道路どころか、畜力をもちいた運搬すら未発達な弥生時代後期から終末期、いまから2000年前ごろにおける日本列島東西の交流のなかで、鹿乗川流域社会はどのような役割を果たしたのであろうか。鹿乗川流域遺跡群の空間的位置をふまえたうえで、同時期の大規模集落における特徴的な遺構を紹介し、往時の鹿乗川流域遺跡群の風景に思いをはせることにしたい。

1　日本列島という空間における鹿乗川流域の位置

　東西ルートの交差点　最初に紹介したように安城市には、東海道新幹線や東海道本線がとおっているので、今も東西の日本をむすぶ陸路の主要ルート上に位置する。しかし、弥生時代の交通を考えるうえでは、海上ルートも重要だ。鹿乗川は三河湾にそそぐ矢作川の支流であり、河口に広がる三河湾は、知多半島と渥美半島にかこまれた静かな内海である。そして、佐久島、日間賀島、そして篠島をへて、伊勢湾にでることができる。さらに伊勢湾を横断し、西へ向かうと三島由紀夫の小説『潮騒』の舞台として有名な神島があり、三重県鳥羽市の答志島にいたることができる。答志島の西には宮川の河口が広がり、さらに西には松阪市から津市にかけて雲出川や安濃川河口が位置する。雲出川の河口付近には弥生時代後期から古墳時代前期にかけて、雲出島貫遺跡や片部・貝蔵遺跡といった集落遺跡が形成されていた。これらの遺跡からは、鹿乗川流域遺跡群から出土する土器と類似した土器群が多くみつかっており、両地域の交流は濃密であったと推定できる。また、安濃川河口付近は、中世には博多津などと並び称される「安濃津」があったとされる。

　南北ルートの交差点　今日の私たちが、日本国内の移動といって、ただちにイメージするのは、福岡、広島、岡山、大阪、名古屋、東京、仙台といった人口集中地帯を往来する東西の移動であろう。福岡をのぞくと、これらの都市は瀬戸内海から太平洋側に位置する。しかし、弥生・古墳時代における交流を考えるうえでは、大陸・朝鮮半島により近い日本海沿岸の諸地域もきわめて重要である。したがって、最新の文物や情報がもたらされる日本海側と三河地域をはじめとする東日本の太平洋側を結ぶ南北の往来も、今よりもはるかに活発だったのである。また、この場合、先進地である日本海沿岸から相対的に遠い太平洋沿岸へと技術や素材がもたらされたという視点も大切だ。

　さて、矢作川支流である巴川を遡上すると現在の豊田市にいたる。この水系をさかのぼり、三河湾で生産された塩を豊田市までは舟で運び、そこからは信州まで馬で運ぶ「塩の道」が有名だ。伊那地方では途中の宿があった足助の名を冠して「足助塩」とよばれるほどであった。そのルート

は飯田街道(三州街道)であり、現在の国道153号にあたる。矢作川本流を遡上すると、長野県でもっとも人口の少ない平谷村にいたる。また、平谷村から国道153号線をとおり、いくつかの峠を越えれば、昼神温泉で有名な阿智村にいたる。ここからは現在の中央自動車が走るルートであるので、みなさんにも馴染み深いだろう。さらに天竜川が形成するけわしい伊那谷沿いを北上していくと、飯田市や下伊那郡、そして駒ヶ根市などに到達する。

伊那谷においては弥生時代後期以降、多くの集落が発達する。なかでも、長野県飯田市座光寺平の遺跡群は重要だ。天竜川の西岸低位段丘上に位置する恒川遺跡群や丹保遺跡などに加えて、弥生時代後期以降、座光寺原遺跡や殿原遺跡、黒田垣内遺跡をはじめとして高位段丘上にも集落が広がることが知られている。高位段丘上への進出には石器にくわえて、鉄器も重要な役割を果たしたと考えられており、鹿乗川流域を含む他地域との交流も土器の様相などから論じられている。

このようにみていくと、鹿乗川流域遺跡群は東西南北交流の交点であるとともに、海と山のルートを結ぶ交点であったともいえるのではないだろうか。次に交点にあたる集落の具体像について考えていこう。

2　鹿乗川流域集落群の風景

遺跡の概要　碧海台地東縁辺の南北約5kmにつらなる鹿乗川流域集落群は、現在の鹿乗川西岸に立地する。鹿乗川は本流である矢作川から1km前後はなれている。しかし、弥生時代後期から古墳時代初頭、2000年前の景観は今と同じではなさそうだ。地形解析によれば、現在は水田や畑地となっている矢作川と鹿乗川の氾濫原には、多くの谷地形や島状の地形がみとめられ、いまとは異なる複雑な流路のありかたが想定されている(鬼頭・永井2013)。したがって、現在の矢作川と鹿乗川の合流点である安城市の藤井町居林付近まで至らずとも、鹿乗川流域遺跡群の人々は、より直接的に矢作川本流に漕ぎ出し、河川を介した交流に励んでいたのではないだろうか。

というのは、遺跡群各地区からは、他地域の特徴をもつ土器、とくに畿内系と伊勢系や尾張系、そして北陸系の土器が多数みつかっているからで

ある。例えば、本神遺跡の環濠からは山中式中段階の土器とともに畿内Ⅴ様式系のタタキ甕が多数出土している。タタキ甕は元屋敷式新段階まで出土が認められる。さらに姫下遺跡からは、布留式系土器が集中して出土している。また、中狭間遺跡の流路からは北陸系の月影型甕が多数みつかっている。ただし、これらの外来系土器は台地上の環濠と沖積地の溝から大量に出土することが多く、在来の土器組成に与える影響は小さいことから、共同体単位の祭儀で用いられたのではないかと推定されている（川﨑2013）。異なる出自をもつ集団が縁をむすぶための宴会といった場面での使用が想像できる。

　大集落の内部　では、鹿乗川流域の集落の実態はどのようなものだったのだろうか。各調査地点からは方形周溝墓をはじめとするさまざまな遺構がみつかっているものの、残念ながら、今のところ住居のありかたや、広域の交流をささえた倉庫などのインフラの様相はあまり分かっていない。

　そこで、次に同時期における他地域の大集落のありかたをみながら、2000年前の鹿乗川流域の人々の交流を支えた施設を想像してみることにしたい。

　講演会などの後に受けることが多い質問の一つに、邪馬台国の候補となる集落遺跡の所在がある。弥生時代の巨大な遺跡として、もっとも有名なのは1980年代に調査が進んだ佐賀県の吉野ヶ里遺跡であろう。近年では鳥取県の妻木晩田遺跡も注目をあつめた集落遺跡である。前者は65haにもおよぶ工業団地を造成する目的で大規模な発掘調査が実施され、後者も県や地元が誘致したゴルフ場建設にともなう発掘調査をきっかけに注目が集まった遺跡である。大規模開発にともなって広大な面積を一気に調査すると、集落のなかのさまざまな遺構の関係が一度に明らかになる。この二つの遺跡は、当初、調査後に破壊されることになっていた。しかし、その華々しい成果が地域や世間の耳目をあつめ、関係者の努力もあって開発の計画が変更され、現地に保存されることとなったのである。

　しかしながら、このような大規模な発掘調査は例外的だ。むしろ、沖積地に面する微高地や河川沿いの高台など、かつても住みやすかったであろう好立地は、いまも多くの人々の生活の場となっている場合が多い。した

がって、そのような好立地における発掘は、住宅の建て替えなどを契機とした小規模の発掘調査が繰り返されるのが常である。

そして、小規模な発掘調査が地域の方々のご協力と行政担当者の努力と熱意によって、徐々に蓄積されることで、大規模集落の姿が徐々に明らかになってきた遺跡も多い。福岡県福岡市の比恵・那珂遺跡群は、そのような遺跡の筆頭にあげられるだろう。100回をこえる発掘調査の蓄積をとおして、南北約2km、東西約700m、約130haにおよぶ広大なエリアにおける人々の先進的な生活の実態が明らかになってきている。そのなかには、同時期の鹿乗川流域遺跡群の人々の生活を想像していくうえでも、興味深いさまざまなインフラの痕跡がみつかっている。

　直線道路　まず、注目されるのは直線道路の存在である。比恵・那珂遺跡群では、2条の並んで走る溝がみつかっている地点が何か所かある（図1）。それらを結ぶとほぼ一直線につながることから、溝は直線道路の側溝であると考えられている。検出された溝の幅と深さはともに60cm前後で、その断面形は逆台形またはV字に近い。何回か掘り返された形跡が認められる部分もあるので、補修や改修をくり返しながら維持されていたとみられる。路面は突き固められたり、石を敷いた可能性もあるが、削平により残存してはいない。側溝の本来の規模は幅、深さともに1m近かったとみられる。

　直線道路の萌芽は弥生時代中期後半からみられ、幅7m前後で遺跡の南北を縦断する道路が数百mにわたって形成されていたと考えられる。そ

図1　比恵・那珂遺跡でみつかった道路遺構
（福岡市埋蔵文化財センター所蔵）

れが弥生時代終末期になるとさらに拡大し、遺跡を南北に貫く道が1.5km にもわたって続いていると推定されている。その道沿いには、那珂八幡古墳などの古墳や、さまざまな機能を有する建物群が形成されていった。

運河 比恵・那珂遺跡群からは、推定幅5m以上、深さ2mの大溝も各所でみつかっている。部分的な成果をつなぐと、全長約900mにもおよぶ。水が流れたような堆積や護岸のためとみられる杭がみつかっていることから、台地の東西南北をつなぐ水路として、用いられていたとみられる。

大溝といえば、奈良県桜井市の纒向遺跡において1971(昭和46)年にみつかった幅5mの直線的な水路が有名だ(図2)。溝の一部は矢板で護岸されていた。発掘調査でみつかった水路は250mあまりだが、推定される総延長は、2.6kmにもおよぶ。この大溝が掘削された時期は、みつかった土器から弥生時代後期末だとみられる。この水路とつながる旧巻向川は大和川の支流であり、およそ40kmで大阪湾に到達する。矢作川の支流沿いに位置する村々のありし日の姿を彷彿とさせる遺構である。

船着き場 また、比恵遺跡群58次調査地点では、大溝に枝状にとりつく短い溝が掘り込まれた遺構がみつかっている。運河から小舟を引き込んでつなぎ止めておく簡易的な船着き場であるとみられる。周辺からは高床倉庫群がみつかっており、荷揚場のような空間であったと推定されている。

図2 纒向遺跡でみつかった運河遺構
(奈良県立橿原考古学研究所提供)

より本格的な荷揚場も、長崎県の壱岐島や岡山平野でみつかっている。対馬から60km、九州北岸の唐津から40kmに位置する壱岐島は、「魏志倭人伝」に「一支国」として登場する島である。壱岐島の中心的な弥生集落が、原の辻遺跡である。遺跡は壱岐島南の幡鉾川流域の台地上に立地するが、その西側には深江田原平野が広がり、南北約17km、東西約14kmのせまい島内とは思えない広大な水田域が、いまもいとなまれている。外海から集落にいたるルートも興味深い。島の東南に位置する内海湾から幡鉾川を約1.5kmほど遡上すると原の辻遺跡に至るのだが、内海湾から集落は目視できない。間にはけわしい山並みがあるからだ（図3）。その山間の急斜面をぬうように流れる幡鉾川がおりなす深い渓谷をぬけると、眼目に深江田原平野と原の辻遺跡が突如として出現する。そして、複数の大溝で囲繞された台地上の集落の西側において、1996年に船着き場遺構がみつかっているのである。

　原ノ辻遺跡の船着き場　船着き場は、荷揚場と考えられるスロープとスロープ部を挟むように東西2本の突堤部からなる（図4）。東突堤は上面幅3m、下底幅9mで長さは10mほど、西突堤は上面幅3.2m、下底幅8.8mをはかる。突堤は礫で覆われており、一部を断ち割って内部構造を調べたところ、基礎には木材を敷き、その上に礫をおいて押さえ、盛土を行っている。さらに盛土の法面には横崩れを防ぐために木杭が打たれており、樹皮で覆って補強を行っている。一種の敷粗朶工法[1]が採用されているので

図3　原ノ辻遺跡に至る渓谷（集落側から海側をのぞむ。筆者撮影）

5　鹿乗川流域遺跡群の特質

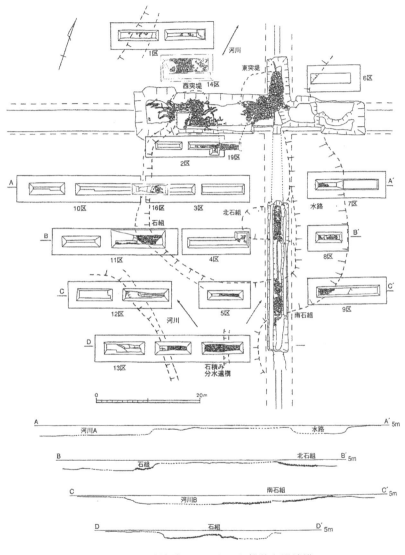

図4　原ノ辻遺跡でみつかった船着き場遺構

ある。さらにその後の調査で、船着き場の全体構造が明らかにされた。船着き場は、川幅35～40mの河川の蛇行部分を利用している。西側に突出する台地部分を幅8m前後の溝で切断したうえで、盛土をして突堤部を構築し、南北40m、東西30mの出島を構築している。盛土内からは、須玖Ⅰ式古段階の土器が検出されており、水路下底部からは須玖Ⅰ式古段階から須玖Ⅱ式古段階までの土器が検出されている。したがって、この施設は弥生時代中期前葉から中期後葉まで機能していたと判断できる（宮崎2008、83～93頁）。周囲の調査において前漢の五銖銭や三翼鏃片なども出土しており（長崎県教育委員会1999）、物流のネットワークは遠く中国本土にまでおよんでいたと考えられる。また、竿秤で使用されたとみられる青銅製オモリがみつかっている。同様の石製品は、先述の比恵・那珂遺跡群や韓国慶尚南道の勒島遺跡、そして鳥取県鳥取市の青谷上寺地遺跡などで出土している（輪内2016）。さらにこれまで銅鐸形土製品とされていた土製品についても再検討が進んでおり（辻川2015）、今後注意が必要であろう。

　上東遺跡の船着き場　岡山県倉敷市の上東遺跡でも同様の施設がみつかっている（岡山県教育委員会2001）。上東遺跡は、瀬戸内海にそそぐ足守川流域に集中する大規模な遺跡群のなかでもっとも下流に位置しており、当時の内海を形成していた吉備の穴海に面する。1998年に実施された発掘調査において、弥生時代後期につくられた木組の構造物と盛土、さらに敷葉や樹皮を積み重ねた大規模な土手状の遺構がみつかっている。これは河岸から突き出すように幅14m、高さ2mの土堤が築かれており、その基底部からは中国新代に鋳造された貨銭が1枚出土している。また、波止場状遺構をさかのぼった約2kmの地点には楯築墳丘墓が所在しており、さらに約2kmさかのぼった地点にある高塚遺跡は足守川流域遺跡群の北端にあたるが、ここからは銅鐸や貨泉25枚が出土している。上東遺跡と高塚遺跡の間に展開する遺跡からは多数の竪穴住居や貯蔵穴が検出されており、この流域において機能的に分化した計画的な集落配置が読み取れるのではないかという指摘もある（河合2013）。なお、上東遺跡からは、人面文や弧帯文が刻まれた鉢形土器が検出されている。人面文にみられるアーモンドナッツ状の目と額から頬にかけての弧状の線刻表現は、鹿乗川流域遺跡群

から多数見つかっている人面文と共通しており、興味深い。

このように鹿乗川流域遺跡群と盛行期を同じくする各地の大集落では、交流や交易を進める上で有益なインフラをもつ遺跡が登場しているのである。いずれの集落も巨大なだけではなく、さまざまな地域の土器がみられる点も鹿乗川流域遺跡群の様相と共通している。つまり、遠方とのつながりが強い集落では、その交流を維持し発展させていくための港湾機能とでもいうべき各種のインフラを備えていたのである。いまだ検出されてはいないが、運河や船着き場といった湾港施設が、鹿乗川流域遺跡群の未調査地区に埋まっている可能性は高いのではないだろうか。

おわりに

以上の検討をとおして、鹿乗川流域遺跡群が日本列島の東西南北に広がる交流の重要な交点の一つであり、弥生時代後期以降の本州島において登場した港湾施設が構築されていた可能性があることが分かっていただけたのではないだろうか。

遺構だけでなく、遺物も重要である。今回、検討に加えた原ノ辻遺跡や比恵・那珂遺跡群、あるいは足守川流域遺跡群などからは、竿秤のオモリである権や中国銭貨が出土している。これらの資料は東日本において未発見である。これらの検出も期待できよう。

東京から新幹線のぞみにて西に向かうと、三河安城駅通過時に名古屋駅までの到着時刻がアナウンスされる。その直前に通過する新幹線の左手車窓からは二子古墳を眺めることができる。徐々に速度をおとす新幹線の車中で、2000年前の人々の往来の痕跡が眠っているであろう古代の安城に思いをはせるのも、また一興であろう。

註
(1) 軟弱な地盤の箇所に植物の葉や枝をしきつめて透水性を良くし、基礎のすべりを押さえる工法。

第2章　三河国、ここにはじまる

主要引用・参考文献

石野博信　2008『邪馬台国の候補地、纒向遺跡』シリーズ「遺跡に学ぶ」051、新泉社

大村　直　2015「土器の移動が証明するもの ─物流ネットワーク批判─」『列島東部における弥生後期の変革 ─久ヶ原・弥生町期の現在と未来─』考古学リーダー24、六一書房

岡山県教育委員会　2001『下庄遺跡・上東遺跡』岡山県埋蔵文化財発掘調査報告157

河合　忍　2013「吉備弥生社会の特質を考える ─墓・集落の検討から─」『シンポジウム記録』9、考古学研究会

川﨑みどり　2011「矢作川流域における弥生時代後期から終末期の集落」『伊勢湾岸地域の後期弥生社会』伊勢湾岸弥生社会シンポジウムプロジェクト

川﨑みどり　2013「鹿乗川流域遺跡群における外来系土器」『変貌する弥生社会 ─安城市鹿乗川流域の弥生時代から古墳時代─』考古学フォーラム2013、考古学フォーラム

鬼頭　剛・永井邦仁　2013「鹿乗川流域南部の地形と遺跡分布」『変貌する弥生社会 ─安城市鹿乗川流域の弥生時代から古墳時代─』考古学フォーラム2013、考古学フォーラム

武末純一　2013「弥生時代の権 ─青谷上寺地遺跡例を中心に─」『福岡大学考古学論集2』考古学研究室解説25周年記念、福岡大学考古学研究室

辻川哲朗　2015「丹後・古殿遺跡出土「鐸型土製品」の再検討」『森浩一先生に学ぶ』同志社大学考古学シリーズⅪ、同志社大学考古学シリーズ刊行会

特別展「新・奴国展」実行委員会　2015『新・奴国展 ─ふくおか創世記─』開館25周年記念特別展

長崎県教育委員会　1998『原の辻遺跡・鶴田遺跡』原の辻遺跡調査事務所調査報告書4

長崎県教育委員会　1999『原の辻遺跡』原の辻遺跡調査事務所調査報告書16

古澤義久　2016「邪馬台国時代の壱岐」『ふたかみ邪馬台国シンポジウム』16、香芝市二上山博物館友の会「ふたかみ史遊会」

宮崎貴夫　2008『原ノ辻遺跡』日本の遺跡32、同成社

村木　誠　2008「伊勢湾地方の地域特質 ─弥生時代後期における東西日本間の関係を中心に─」『日本考古学』26、日本考古学協会

渡邉恵理子　2008「上東遺跡の「波止場状遺構」」『季刊考古学』102、雄山閣

輪内　遼　2016「弥生時代の権衡」『古文化談叢』76、九州古文化研究会

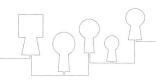

6 本神遺跡と環濠集落

石黒立人

はじめに

　本神遺跡の環濠は、1964（昭和39）年8月11日に畑の床下げ工事に伴い多量の遺物が出土したことから、その存在が明らかになった。急遽、調査体制が整えられ、土地所有者や工事関係者の理解を得て、安城市内教職員の協力のもと、天野暢保（元安城市歴史博物館長）を中心に調査が行われた。調査終了後には出土遺物の展示と報告会が行われ、同時に『安城市本神遺跡調査略報』も印刷・配布されて市民へのいち早い情報提供が行われた。現在においても見習うべき点である。

1　矢作川流域の環濠集落

（1）環濠集落の特質

　a. 立地と時期　矢作川流域の環濠は、南端の西尾市中根山遺跡から北端の豊田市栃原遺跡まで30km弱の間に11か所を数え、西尾市岡島遺跡、安城市鹿乗川遺跡群の2つが低地にある以外は全て段丘や丘陵の上にある。このうち、豊田市栃原遺跡と西尾市中根山遺跡は低地からの高さが最も高く、31m（ビル9階相当）を測る。栃原遺跡は挙母盆地北東端にあり南西以南は丘陵に視界をさえぎられるが、すぐ下に高橋遺跡、矢作川の対岸に梅坪遺跡を望み、同じ時期の遺跡はほぼ視野に納めることができる。中根山遺跡は、矢作川下流の低地に向けて西へ突き出た岡山丘陵の上にあって270度の視界を保ち、三河湾が一望できる。安城市までは矢作川両岸に分布していた環濠集落は、中流域左岸の岡崎市楼遺跡から北ではいずれも左岸にあり、一筋のラインをなして並ぶ様はさながら「街道」のようである。

　これらの環濠集落は、西尾市中根山遺跡や同岡島遺跡、同熊子遺跡の

時期がやや遡る以外はほとんど弥生後期後葉に埋没し始めており、同時期（AD2世紀）の掘削とみて問題なかろう。

　b. 環濠の構造　環濠はいずれも部分的な調査にとどまるが、本神遺跡以外は2条以上が平行することは無く1条が基本のようである。断面形はV字形が多い。上部が削られているものも多いが、深くても2m程度で3mに達することはなかろう。そのうち、栃原遺跡の突出部は「出入り口」に関連する施設と推測され、中根山遺跡は水源の可能性がある谷を囲い込み、それぞれに特徴がある。後述する本神遺跡では矢作川流域で初めて環濠区画内から溝が見つかっており、複雑に区画されている可能性がある。

(2) 鹿乗川北遺跡群と環濠の気配

　a. 大溝と時期　鹿乗川流域の圃場整備事業に伴い1996年から長期かつ広範囲に行われた調査では、図1の微高地①から表1に示したように注目すべき大溝が見つかっている。いずれも用水路建設に伴う狭長な調査区で検出されたために溝が続く方向は不確かだが、隣り合う調査区をつないでいくと概ね図1のようになる。大溝の断面形はV字形やU字形であり、ひとつながりの「濠」と想定するのが素直である。

　b. 自然環境との関係　調査成果によれば微高地①と微高地aの間を自然流路が南下しており、大溝との関係が問題になる。自然流路は弥生後期後半以降が中心だが、それを遡る堆積層が部分的に認められるし、微高地

表1　鹿乗川北遺跡群の大溝

鹿乗川遺跡群報告書	地区	遺構番号	幅(m)	深さ(m)	断面形状	時期
II	N	SD05	3.3	0.84	V	後期終末
II	N	SD09	4.8	1	U	後期終末
III	D	SD05	2.6	0.8	V	後期後葉
III	C	SD06	2.6	1	V	後期後葉
III	E	SD03	3.3	1.1	V	後期終末

※付近で見つかっている竪穴建物跡の床面の標高は8.5〜8.7mなので、プラス0.5以上が本来の深さの目安か？

①と微高地②の間には弥生後期前半で埋没する流路もあるので、大溝が西に開く弧状をなすのか、流路を越えて微高地 a をも囲むのかどうかは今後の調査を待たねばならない。

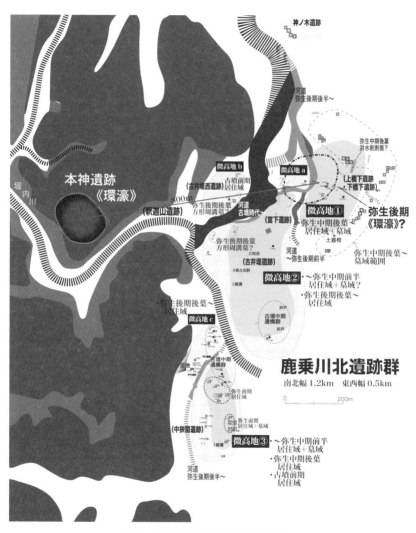

図1　本神遺跡と鹿乗川北遺跡群

2 本神遺跡の特徴

(1) 環濠

　最初の調査以降、現在まで複数回の調査が行われて、南から東へ標高10ｍほどの台地の縁に沿うように掘削されていることが明らかになった。部分的とはいえ、現在わかっている範囲でも径は150ｍ近くあるので、長径は200ｍを超える可能性がある。同時期では相当の規模である。環濠の深さは推定2ｍ超、断面はＶ字形である。東側では部分的に2条並行しており、出入口に関係する可能性がある。環濠の内側からは竪穴建物が1棟発見されている。他に小規模な溝も見つかっており、居住域内部の区画溝であるなら集落の質に関わって重要である。

(2) 出土土器

　環濠からは弥生後期後葉から古墳前期にかけての土器が多量に出土している。したがって、環濠廃絶後も居住地であったことは確かであり、環濠廃絶は本神遺跡の解体に結びつかない。その中で、本神遺跡からはタタキ技法で成形された近畿系の平底甕・有孔鉢等が出土しており注目される。平底甕は、高さが20㎝、15㎝、10㎝の3種類があり、扁平な鉢状のものもある。底部は平坦なもの、上げ底になるもの、中央が小さく窪むもの、

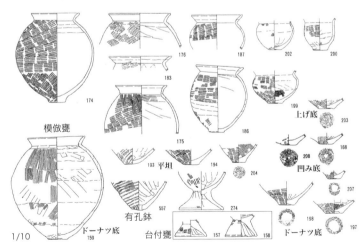

図2　本神遺跡のタタキ成形土器群

ドーナツ状に窪むものというように、いくつかの種類があり、製作者が複数いたことがうかがえる。壺を除いて複数の種類があり、台付甕も含まれていることから、本神遺跡で着実に技術の定着が進んだようだ。

しかし、そもそも平底甕は弥生後期の地域伝統にそぐわない土器であり、有孔鉢も同様である。

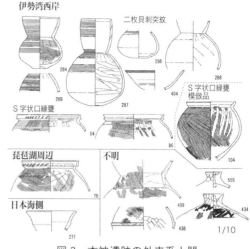

図3 本神遺跡の外来系土器

それらが使用者を前提にしている以上、果たして誰が製作技術と使用法を持ち込んだのかという点を明らかにする必要がある。

(3) 本神遺跡と釈迦山遺跡

本神遺跡を考える上で無視できないのが鹿乗川北遺跡群との中間に位置する釈迦山遺跡である。本神遺跡が位置する段丘の南の谷を流れる堀内川の北岸に位置しており、出土土器の様相は東海東部以東に関係がある縄文施紋の壺やタタキ成形の壺がある点を除けば本神遺跡と大して変わらないが、木製短甲や盾、「千木」は注目すべき遺物である。前者は集落の指導層に、後者は集落を構成する特別な建物に関わる。木製盤も祭儀に関わる道具だろう。こうした木製品が上流から流れてきたとすれば、元々あった場所は本神遺跡以外に有り得ない。

3 本神遺跡における環濠の消長と地域社会

本神遺跡の始まりは弥生中期後葉（BC1世紀）に遡り、南の加美遺跡（方形周溝墓）とともに珍しく碧海台地上に位置している。当時、どの程度の規模の集落であったのかわからないが、ほぼ同じ様相の名古屋台地・見晴台遺跡でも建物数は2棟以下のようなので、本神遺跡も同様であったろ

第2章 三河国、ここにはじまる

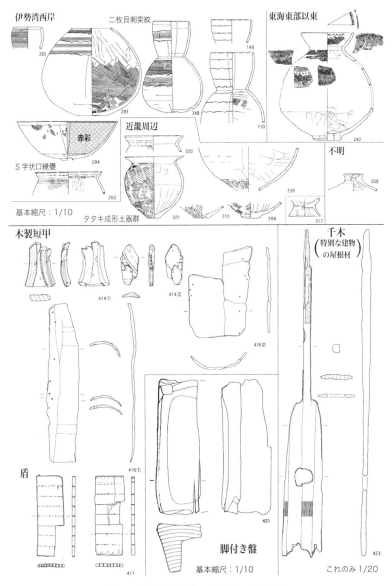

図4 釈迦山遺跡の注目すべき遺物

う。とすれば、鹿乗川北遺跡群は居住域が洪水で削られて詳細は不明とはいえ、方形周溝墓が多数築造されており相当数の居住人口があったはずなので、洪水を避けて大多数がこぞって高台に移ったというには不釣り合いであり、付近の台地上でもそうした兆候はない。この点で、環境変化による低地から高台への移動という図式は本神遺跡には当てはまらないと考えている。

　環濠は弥生後期中葉末に掘削され、弥生後期後葉には廃棄されて埋没を始めたと考えられる。先述したように埋没時にも居住は継続しており、その期間に近畿系他の外来系土器も環濠に廃棄された。同時期の鹿乗川北遺跡群では、微高地①以外にも竪穴建物跡が見つかっており、居住地の範囲拡大が著しい。タタキ甕も広範に分布している中で「弥生後期《環濠》?」周辺で種類が多いのはある意味で本神遺跡と連動する現象であるが、本神遺跡に依然居を構えたのが木製短甲や「千木」に関わる人々であったならば両者は同等ではないだろう。

　本神遺跡の環濠廃絶後の鹿乗川北遺跡群で注目される外来系土器は、a資料群：揖斐川以西（大垣市荒尾南遺跡・今宿遺跡に特徴的）から琵琶湖北東岸にかけて分布する口縁部粗製「く」字口縁甕（かつて「長浜甕」や「坂田甕」と呼ばれたことがある）やb資料群：荒尾南型加飾器種群である（以下、a、bと省略）。aについて本神遺跡では不明だが、鹿乗川北遺跡群の水路建設にともなう2004年調査E地区SD03（環濠?）からは10個体以上が出土し、中狭間遺跡からも4個体（他に関連5個体）、またbに属する高坏3例が出土している。さらに、調査区は異なるがbの壺やスタンプ紋（山陰や北陸につながる）資料さえ出土している。これに対して、鹿乗川南遺跡群では下懸遺跡a：1例、惣作遺跡b：1例に過ぎず、中間地域の濃尾平野でも一宮市八王子遺跡a：1例・b：多数、同元屋敷遺跡a：1例・b：多数、同門間沼遺跡a：1例・b：多数、同中之郷北遺跡a：1例・b：少数、清須市朝日遺跡不明、名古屋市平手町（西志賀）遺跡a：1例というようにとりわけaは貧弱である。

　このように、荒尾南遺跡から同心円的な分布を示すbに比べて、aが中間地域を飛び越えて鹿乗川北遺跡群に集中する点は、人々の直接の往来を

背景にしたものと考えられ、人面紋や弧帯紋の分布が重なるのも同じ理由からだろう。注目すべきは中狭間遺跡の北陸系甕である。経路にあたるはずの琵琶湖北東岸では、ａと分布がずれて琵琶湖東岸から東南岸、伊勢湾西岸中部、そして中狭間遺跡へと飛び石的に至っており、このように鹿乗川北遺跡群からは地域を越えて複数の経路が伸びている。

そうした動きの全体をコントロールする上で本神遺跡の指導層がどのように関わっていたのか、さらに議論を深める必要がある。

主要引用・参考文献

安城市教育委員会　1998『本神遺跡』
安城市教育委員会　2001『釈迦山遺跡』
安城市教育委員会　2004『鹿乗川遺跡群Ⅱ』
安城市教育委員会　2005『鹿乗川遺跡群Ⅲ』

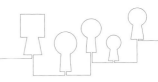

7 三河国の由来

福岡猛志

はじめに

「三河国、ここにはじまる」という言葉は、いろいろな側面を含んでいる。そもそも「三河国」の「国」とは何か。「ここに」とは、場所なのか時間なのか、「こういう次第で」というような意味をも表現したものなのか。

このような諸側面は、本書全体によって解き明かされることであろうから、ここでは問題を絞って、文献史学の立場から、「三河」という地名を冠した、社会的・政治的な制度としての「国=くに」が、いつ成立したのかについて考察することにする。それは、「三河国」をその一部として含むヤマト王権による地域統治制度としての「国」制の成立時点を求めるということに他ならない。

ところで、後に詳しく述べるが、「三河」という地名表記は、平安時代になってから用いられたものであって、元来は、「三川」と表記されていた。それが「参河」に変更されたのは、704（大宝4）年のことであったらしい。それ以前の時期についての記事で、「参河」とあれば、それは後世の知識に基づいた誤記あるいは意識的な書き換えである。例えば、『日本書紀』においては、人名に付せられているものを除けば、三河国の初見は、646（大化2）年三月二十二日条で、「参河国」とあるが、これは『日本書紀』編さん時における知識による潤色である。

さて、倭国とか邪馬台国とかいう意味での「国=くに」ではなく、地方制度としての「くに」というものには、三川に限らず、歴史的段階の異なる二つの「くに」があり、「三川国」の場合には、その領域もまた異なっていた。

第一の段階は「国造」制下の三川国であり、第二の段階は律令制下の

第2章　三河国、ここにはじまる

「国―郡―里」制に基づく三川国である。後者は、成立後まもなく、「参河国」と表記されるようになる。

1　「国造」制下の三川国

　第一の段階から見ていこう。「国造」は、「くにのみやつこ」と読まれるが、学術用語としては、これを音読して「こくぞう」と言う場合もある。ヤマト王権は、時には直接的な武力により、時には政治的な圧力により、地方征圧を進めたが、服属したそれぞれの地域の代表的な有力豪族が、地域住民に対して、地域の首長として及ぼしていた支配の体制の維持を容認しつつ、その体制をひとつの拠り所として地域支配を進めようとした。

　すなわち、有力豪族を、王権の地方支配体制の末端を担う国造に任命し、彼らが従前から域内に有していた支配関係を否定するのではなく、むしろそれを使って、域内からの物資の貢納や労役奉仕を行わせたのである。

　国造とは、地位なのか職務なのかという議論もあるが、この、国造に管掌させた領域を「国＝くに」と呼んだ。『隋書倭国伝』に、「有軍尼一百二十人、猶中国牧宰」とあって、「軍尼」は「くに」と読まれる。

　ただし、この場合「一百二十人」と人数で記しているので、直接的には、領域としての「くに」ではなく、「くにのみやつこ」の略称であろうが、「くにのみやつこ」が管掌する範囲が「くに」であるから、「くにのみやつこ」と「くに」の数は一致することになる。

　『先代旧事本紀』の一部分である『国造本紀』は、ある程度信用のおける史料であるとされるが、そこに列挙される国造の数は、『隋書倭国伝』に言う百二十人に近い。

　『古事記』『日本書紀』によれば、国造制の成立は、成務朝のこととされる。しかし、成務朝の実年代は不明とするより他はないし、成務天皇の実在性を疑う学説も有力である。そして、今日の学界の趨勢としては、国造制の成立時期を6世紀中葉に求める学説が有力視されている（篠川ほか2013）。

　『国造本紀』には、「参河国造」が載せられている。一方では、遠淡海（とおつおうみ）・无邪志（むさし）・針間など古い表記が混在するので、単純に後世の潤色だけで割り

切るわけにはいかない面もあるが、参河国造は、三川国造とあるべきところであろう。

『国造本紀』の、国造名の記載順は、伊勢国造・嶋津国造・尾張国造・参河国造・穂国造(ほのくにのみやつこ)・遠淡海国造となっている。嶋津国造はおそらく嶋国造の誤記で、嶋は後の志摩、遠淡海は後の遠江であるから、尾張と参河が接し、参河と遠江の間に、穂国造が位置することになる。律令制下の国制によれば、参河国と遠江国は相接しているから、穂国造は、そのいずれかに包摂されたことになるが、後に述べる諸史料に照らして、穂国造は明らかに、参河国に包摂される。

これを逆に言うと、国造の国としての三川国は、令制下の参河国より領域が狭いということになる。その領域は、(理由については、後に述べるが)いわゆる西三河地方である。

三川国造と並んで穂国造が存在したことを直接的に示す史料は、『国造本紀』の他には、『国造本紀』と同じく『先代旧事本紀』の一部分をなす『天孫本紀』に見える、「三川穂国造美已(巳)上(止)直」があるだけだが、後述する穂評を介して、宝飫郡につらなる「郡名国造」である。この「国」は、東三河地方と見てよい。令制国の参河国の範囲には、国造の国としては、三川国と穂国の二つが並立していたのである。

この点に留意すると、三河という地名が矢作川、男川(または音羽川)、豊川(古代には飽海川(あくみがわ)と呼ばれた)の三つの川にちなんだものだという説は、誤りであることがわかる。飽海川は、後に三川国・参河国の域内に取り込まれたが、三川の地名が成立した時点では、別の国である穂国を流れる河川であった。

『国造本紀』によれば、最初に参河国造に任じられたのは、物部連の祖である出雲色大臣の五世の孫にあたる知波夜命(ちはやのみこと)であり、時期は成務朝であるという。この時点については、『古事記』『日本書紀』の記述に合わせたもので、史実ではないことは言うまでもない。一方、穂国造は、生江臣の祖である葛城襲津彦命(かつらぎのそつひこ)の四世孫の菟上足尼(うなかみのすくね)とされる。任命時点は雄略朝とあるが、これも史実と見る必要はない。『国造本紀』に見える国造任命時期は、神武朝などというものもあって、それは論じるまでもないし、制度

としての国造の任命時期がばらばらであることもありえないであろう。

　従って、国造国としての「三川国は、現在で言う西三河地域において、六世紀中葉にはじまる」と、まとめることができるのであろう。

　その上で、初任の国造である知波夜命は、物部連の祖である出雲色大臣の五世孫であるとされていることに、注目したい。『天孫本紀』の「物部氏系図」には、饒速日命の三世孫として、出雲醜大臣命が出てくる。そして、四世孫で出雲醜大臣の子である大木食命の注にも、「三河国造祖」とある。色も醜も「シコ」と読むから、出雲色大臣と出雲醜大臣とは同一人物であろう。

　知波夜命は、色大臣（醜大臣）の五世孫であるから、大木食命は、四世さかのぼることになる「三河国造祖」である。つまり、三川国造は、物部氏系の豪族ということになる。

　この点に関連して留意しておきたいのは、「参河国造」から「穂国造」・「遠淡海国造」・「久努国造」・「素賀国造」・「珠流河国造」・「廬原国造」・「伊豆国造」と並ぶ国造のうち、国名国造である参河国造・遠淡海（遠江）国造・珠流河（駿河）国造・伊豆国造の四国造（その他に、遠江国に包摂される久努国造も）が、いずれも、物部氏系によって占められていることである。東海のこの地域においては、物部氏系が広く分布している。

　これに対して、非物部氏系は、国名国造には就いていない。穂国造も、物部氏系ではなく、生江臣の祖である葛城襲津彦命の四世孫にあたる菟上足尼が、任命されており、その時期は雄略朝とされている。『国造本紀』によるかぎり、葛城氏系の国造は、他に見えない。

2　「評」制の成立

　この国造制のあり方は、孝徳朝において、大きく変化することとなる。645年の蘇我本宗家が滅亡するクーデター事件（乙巳の変）以後の、「改新の詔」については、後世の潤色が加えられており、そのまますべてを史実とみなすことができないことは確実であるが、いわゆる「大化改新政治」の具体像は、なお不明な点が多い。その中で、有力視されているのが、孝徳天皇の時代に、全国にわたって、評という地方制度が創出されたという

ことであって、孝徳期における「天下立評」と称されている。

　評というのは、律令制下の郡（こおり・ぐん）に引き継がれるものであるが、新たな地方行政単位として、649年にほぼ全国一斉に「立て」られた。その責任者には、国造の場合と同じように、地方の有力豪族が任命されたが、その役割は、国造とは基本的に異なるものであった。彼らは、従前の地域における支配力＝首長的機能を媒介とすることなく、ヤマト王権の地方行政単位の責任者として、地域管理の任にあたったのであって評督（こおりのかみ）と呼ばれた。評は、国造制の限界を乗り越えるものとして設定されたが、律令的国司制の完成にむけて地域の再編が進められる過程で、ある時期までは国造制・評制が並存していたと考えられる。

　三川国造の国にも評が立てられたが、この点については穂国造の問題とあわせて考える方がわかりやすい。というのは、穂評が立評されているからである。穂評は（「穂郡」という段階を経て、和銅年間に定められた行政地名二字表記の原則に従い）宝飫郡となった。後に、それが誤記されて、宝飯（ほい）郡になる。穂国造の中心地が宝飯郡であるとすれば、それよりの西の三川国造の位置は、いわゆる西三河地方であり、東三河地方の穂国造と並立することになる。

　石神遺跡出土の木簡の、「三川穂評穂里穂部佐」という記載は、穂国造と宝飫郡をつなぐ、穂評の存在を実証するものとして、重要な意味を持つ。穂国造の一部を割いて穂評を設定したというのも、一つの考え方としてないわけではなかろうが、「三川」と冠せられていることにも注意を向けねばならない。また、「飽海評」と記した木簡が出土していることも考えねばならない。

　飽海評は、平城宮出土木簡などにより、飽海郡・飽臣郡などを経て、渥美郡（「嘉名・好名」の原則により表記が代わったが、文字にひかれて訓みが「アツミ」に変化した）となったことが確かめられるから、後の史料に出てくる「八名郡」と並んで、穂国の領域内に位置する。

　さて、この木簡には「穂評穂里」とある。この「里（さと）」は、五十戸を以て一里とする制によるものであって、670（天智9）年の庚午年籍、あるいは孝徳立評にまでさかのぼるという説もあるが、天武末年から持統初期にかけ

て、若干の並存期を経て、五十戸→里と変遷することが、木簡の実例によって確かめられている。なお、「五十戸」も「さと」と読む。

　この点から考えて、持統期の木簡であると考えてよかろうが、そこで問題になるのが、『日本書紀』天武天皇十二～十四（683～685）年条に見られる国境確定事業である。「評―五十戸」制下において、王族等を責任者とし、実務者・技術者で構成された、諸国の境界を限定させる調査団が派遣された。令制国は、人の集団を単位とする行政区画ではなく、地域による区分であるから、国境がなくては、成立はかなわない。

　とすれば、この国境確定事業は、評制・五十戸制を梃子にして進められてきた地域の再編の帰結として行われたか（そう考えれば、これは律令的国制の成立を意味する）、ここから令制国成立の最終段階に入るか、いずれにせよ、重要な画期点となる。

　前者であるならば、令制国としての（つまり第二段階の）「三川国はここにはじまる」。後者であるならば、なお、しばらく過渡期が続くことになろう。実は、この木簡と同時期の木簡に、「三川国青見評」「三川国各田評」「三川国鴨評」、やや下って「三川国波豆評」というものがある。それぞれ、碧海郡・額田郡・賀茂郡・幡豆郡の前身である。三川国造の地域は、全て評によって分割されている。それに対して穂国造の地域にも穂評と飽海評が確認されるので、おそらく八名評も立てられているであろう（なお、設楽郡は、903（延喜3）年に宝飫郡から分割されたものである）。令制下の参河国の郡は、すべて評として確立しているのである。

3　令制国としての三川国から参河国へ

　国造国としての穂国は消滅していると見る他はない。「三川穂評穂里穂部佐」とあって「三川国」とは書いていないことを以て、この「三川」を国造制下の大まかな領域を指すものと見る向きもあるが、国造制下においては穂は三川に含まれていない。令制国司制が最終的に確立するのは、令文において国―郡―里の制度と国司の任務が定められることによってであろうが、そこに至る過渡的要素を残した国制と見ておきたい。

　三川・穂をあわせた三川国の成立は、上からの編成なしにはありえない

が、地域内においても一つの動きがあったことを推測させる史料がある。前にも触れた『天孫本紀』の記事で、物部胆咋宿祢が三川穂国造美己上直の妹、伊佐姫を妾と為して一児を生んだとある。ここでも、穂国造に三川が冠せられている。そして、妻妾と為すというのは、しばしば政治的な上下関係の成立を意味するから、穂国造に対する物部氏の、ひいては三川国造が穂国造を勢力下においた可能性がある。三川国としての統合を容易にする条件の一つだったかもしれない。

　大宝令の施行によって、「評」は「郡」と改められ、七郡より成る三川国が確立された。しかし、全国の国名の中には、表記の定まらないものもあった。それが公定されるのは、704年の諸国印の鋳造に際してのことであるという説が有力であるが、三川国も、その時点で「参河国」と公定されたと見て、史料上の矛盾はない。

　まず、大宝令以前の木簡の表記は、すべて「三川」であって例外はない。また「参河」表記の初出は、709（和銅2）年12月で、以後は「参河」で統一されている。年紀を記さぬ木簡だが、「三川国飽海郡」「三川国額田郡」というものがあるから、評から郡に移行した大宝令の施行が、三川から参河への転換点ではなかったことは確かである。「参河国のはじまりは、大宝4年」と見るのが穏当であろう。

　「三河」表記の出現については、はっきりとした切れ目を持たない。『止由気宮儀式帳』や『皇太神宮儀式帳』の延暦年間の解に見える「伊賀・尾張・三河・遠江四箇国」が初出だが、例外的用法であり、『令集解』神祇令孟夏条では、「義解」に「参河赤引神調糸」、「釈記」に「三河赤引神調糸」と、両表記が見られる。『類聚三代格』所収の「承知八年五月五日下三河国（太政官）符」、『政事要略』所収の昌泰四年一月二十七日付詔に見える三河掾など、いずれも散発的であり『貞信公記』などでは、参河・三河を混用する。

　いずれにせよ、この令制の「国」は、後世を規定し、現代でもなお、単なる地域名称としてだけでなく、尾張・三河という「準行政単位」として生きながらえているのである。

第 2 章　三河国、ここにはじまる

主要引用・参考文献
篠川　賢・大川原竜一・鈴木正信編著　2013『国造制の研究』八木書店

第 3 章

桜井古墳群を守り、伝える

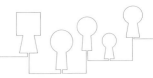

1 安城市のまちづくりと文化遺産
―本證寺境内を中心として―

神谷澄男

1 安城市のまちづくりの方向性

　本市は、かつて「日本デンマーク」と謳われた農業経営の伝統を継承・発展させつつ、1960年代後半から自動車関連企業を中心として形成された経済産業基盤に支えられ、活力に満ち市民満足度の高い行政運営と健全な財政運営を両立させている。このことは、他の自治体との数字の比較に過ぎないものの、財政力指数などの各種指標のほか、新聞社の自治体ランキングなどからも高い評価を見て取ることができる。

　この20年間の本市の財政状況を概観するため、平成7年度と27年度の一般会計決算を比較すると、歳出が531億円から633億円へと100億円余増加したが、同時に市税が284億円から378億円へと90億円余増加するなど、これを裏打ちする財源が健全な形で確保できている。しかしながら、歳出の増加要因を見ると、高齢者福祉などの「扶助費」が100億円弱、委託や臨職賃金などの「物件費」と助成金などの「補助費等」が各50億円余、合計で200億円増加した（ほとんどが経常的経費）。一方、投資的経費は203億円から113億円へと90億円減少させたことで、何とか帳尻が合ったという危うさも窺える。

　過去トレンド、人口推計等に基づき10年先を個人的に粗く試算してみると、歳出では「扶助費」がさらに20億円余増加するなど、全体で50億円余増加する。歳入では市税を現状維持としても、基金繰入金がゼロとなるなど全体で20億円余の減少となる。赤字にならないよう歳出を投資的経費で調整すると、結果として80億円程度しか割けず、また、現在策定中の公共施設等総合管理計画の試算などによれば公共建築物及びインフラ施設にかかる改修・更新費用は毎年少なくとも40億円余にのぼるため、

新規事業に割ける金額はさらにこの半分以下となり、財政の硬直化が深刻な状態となる。

　一方で、本市の人口ピラミッドでは、団塊世代に加え団塊ジュニア世代の人口がこれを上回って多いことから、今後、高齢化が二波で進行すると同時に、2030年頃までは総人口が減らず緩やかに増加し続けるという特殊事情がある。したがって、先に見たように現在の行財政運営が比較的堅調である（と見える）が故に、また、人口増加が高齢化を見えにくくするが故に（すでに生産年齢人口は減少し始めている）、財政が危機的状況に陥るまでは、事業の縮小廃止や公共施設等の統廃合などによる大胆な舵切りは難しいかもしれない。加えて、これまで本市及び三河地域の活力を支えてきたのは、税収、人口、雇用、消費活動などあらゆる面で自動車関連産業の成長・拡大と言ってほぼ間違いない。この「一本足」の脆弱さとともに自動車産業の行方、また、少子高齢化がもたらす地域社会の変化に対する不安があるため、財政状況はじめ様々な意味で「安城は今がピーク！」という漠然とした転換期の認識が、議会・行政のみならず多くの市民にも共有されていると考えている。

　そんな中で第8次安城市総合計画は、平成28年度からスタートし同35年度までの8年間をカバーする。同計画では、「市民一人ひとりが生活の豊かさとともに幸せを実感できるまち」を基本理念に据え、目指す都市像を「幸せつながる健幸都市」としている。経済成長を背景に生産・消費の拡大、物質的な豊かさなどの「量」的拡大を追求する成長社会から、ピークアウトを基調に精神的な豊かさや多様性、生きがいなど生活の「質」的向上を求める成熟社会へ転換し始めたとの認識のもと、「幸せ」という原点に立ち返り、市民がこれを実感する構成要素として「健康・環境・経済・きずな・こども」の「5K」（いずれもアルファベットの「K」で始まる）の質を高める政策を進めることとしている。中でも健康寿命の延伸を図るため、スポーツ振興を含めた「健康」関連施策に重点を置く。「健幸都市」を「康」でなく「幸」にしたところには、人と人、地域とのつながりの中で、生きがいや役割を見つけ、やりたいことをかなえ、感動を分かち合い、感謝される喜びを体験できる、そんなきっかけや場をたくさんつくる

ことで市民の方々が「幸せ」を実感できるまちにしたいという思いが込められている。そこで、「健幸」を「ケンサチ」と市民に訴求するようカタカナで表記し施策を展開している（詳しい活動内容は専用サイトをご参照されたい）。

「ケンサチ」は、多くの市民が自然に参加できる「健康」を入口・きっかけとして、一義的には地域コミュニティにおけるソーシャルキャピタルの醸成を図るものだが、「幸せを実感したい」という「サチ」の駆動力を梃に市民的な広がりをもった運動に発展させることで、「地域力」アップを狙う。これにより市民サービスの質向上と行政のスリム化を両立させつつ、新たな地域経済の循環をもたらす可能性が開けてくるのではないかと考えている。はじめはほんの小さな一歩かもしれないが、数年前の本市の「ごみ減量20％」の取組みで盛り上がりが見られたように、志ある市民の方々、市民団体、NPOが自発的に立ち上がり、そして民間企業も加わって地域の課題を解決していくムーブメントを巻き起こしていきたいという思いがある。

仮に将来、本市を取り巻く社会情勢が厳しくなり、現在の産業・財政基盤が揺らぐ事態に陥ったとしても、その時には、かつて「日本デンマーク」と謳われた明治用水の開削や産業組合の結成にそのルーツを見る、「つながる」「支え合う」市民意識が再び駆動力となり、新しい形での「生活の豊かさ」が持続されていくことを願う。そこでは「分かち合う」（所有でなくシェアし使用する）といった新たな価値観により活力が持続されるのかもしれないし、行政（財政）が結節点となって民間（市場）と地域コミュニティ（奉仕）が相互補完しながら公共サービスを担うしくみができているかもしれない。いずれにしても、未来の安城市が成熟した地域社会をしなやかに築いていけるよう、まさに「今がピーク！」のうちに基礎体力を蓄えておく必要性を感じている。

2　文化財行政についての問題意識

筆者は、平成23・24年度の2年間、安城市教育委員会文化財課（当時）課長補佐兼文化財係長として安城市歴史博物館に勤務していた。と言って

も、埋蔵文化財発掘等の経験が全くない素人の「事務屋」なので、専門的な知識経験を要する業務はすべて部下にお任せで、当時懸案となっていた「本證寺境内」と「姫小川古墳」の国史跡指定に関わる用地交渉を行っていた。そんな、かつて文化財行政に携わったことと、現在は企画情報課で総合計画及び実施計画を担当しているという経歴から、「内部事情を知る部外者の見方（味方）」を期待されて本稿の執筆を任されたのではないかと思う。

　さて、文化財（史跡、建造物、絵画、古文書など）を「どのようにして守り、伝えるか」ということは、文化財行政を推進する上で常に問い続けていなければならない基本的な課題である。そしてこのことは、わたしたちの業務が「学究」でなく「行政」であるが故に、経済社会の動向を踏まえつつ地域社会・市民生活といかに向き合って共存するかという視点から常にアプローチしなければならないと考えている。文化財担当部署は専門性が高く人事異動が少ないことも手伝ってか、職員の目線が大学や研究機関、博物館の関係者といった仲間内に向かう傾向が感じられ、実際に展覧会や図録の出来栄えなども関係者間の評価を気にする風潮が見受けられた。赴任した当初、部下の若手学芸員を睨みつけて、「市民向け印刷物に馴染みのない言葉を何故使う必要があるのか！？」としばしば問いかけたし、市民目線で仕事をするのが不満なら「とっとと大学へ帰れ！」と言い放っていた（帰られては困るが）のを懐かしく思い出す。

　以下では、当時、筆者が主に担当していた埋蔵文化財行政を、まちづくりに引き寄せて論じることができればと思う。なお、文中の事実関係を除く意見に関する部分は全くの「私見」であることを申し添えておきたい。

3　現場で起こっていた（いる）こと

　公共事業や民間の住宅開発などにより地中に存在していた数多くの埋蔵文化財（住居跡、堀など地中に埋まっている遺構や土器などの遺物）が破壊され失われ、現在もなお進行しつつある。そこで市担当課では、「埋蔵文化財包蔵地」（過去の調査実績などから遺構の存在が明らかな場所）において開発行為を行おうとする方に届出を提出してもらい、審査・指導を行って

いる。そして、当該開発行為（公共工事を除けば大半が住宅建築の基礎工事）により遺構が破損する恐れありと判断した場合は、工事の着手に先だって緊急発掘調査（「記録保存」のための調査。これに対して重要遺跡などで「現状保存」を目的として行う学術調査がある）を実施し、いわば開発の「免罪符」として調査報告書と遺物を残すという業務を行っている。後世への責務として、破壊される遺構を復元できる程の精度レベルを求めて本当に地道な記録保存作業を日々行っているが、残念ながらそれと引き換えにホンモノは永遠に失われてしまう。赴任した当初から、「記録保存」という言葉に言い訳的な胡散臭さを感じていたし、そもそも文化財保護行政における法的手続きが、あたかも遺構の破壊を当然の前提として組み立てられていることに違和感を持っていた。また、本市では継続的な人口増加と戸建て住宅需要の高さから個人住宅の建築工事と併せて、区画整理事業や土地改良事業を複数地区で実施しているなど公共土木工事も多いことから、市内南部地域を中心に緊急発掘が頻発しているという特殊事情がある。そのため、「緊急発掘→（工事破壊・滅失）→記録保存（＝調査報告書作成＋土器などの遺物整理）」という一連の作業を、膨大な時間・労力と少なからぬ経費を投じて延々と繰り返さなければならない事態に直面し続けている。建築業者からは施主の意向を受けて、また、市役所の公共工事担当課からは完了が年度繰越になることを恐れて、発掘作業の期限についてタイトな要求を突き付けられることもしばしばであった。

　しかし、これでは手順が逆じゃないかと感じていた。何もかも悉皆的に記録保存（しかし所詮は紙とデータというニセモノの保存）をしようとする割切りの悪さが、むしろ大事なもの（現地にあるホンモノの遺跡）を失わせているのではないかと。同じ遺構は二つとして存在しない事実は認めるが、頻発する緊急発掘の都度に同じことを際限なく繰り返す（それが過去に調査済みの遺構と同一の時代・地域・形式的特徴を有し規模等から見ても重要でないと判断できるにもかかわらず、文化庁が求める精度レベルの仕様により重ねて本発掘と記録保存を行わなければならない）必要性が十分に納得し難いのである。日本全国で連綿と行われている義務的な行為として、或いは一つ一つの緊急発掘が重要遺跡新発見のきっかけとなり、重要な歴史の

再構築に繋がるかもしれないという宝探し的な可能性に賭けて、毎回全力投球する手抜きのない現場の姿勢には決して嫌味でなく頭が下がる。しかし、そうした偶発的に頻発する緊急発掘調査に日々忙殺されている間に、わたしたちの「地域の宝」として本来残すべき重要遺跡が紙とデータに変わり果ててしまうのではないか。また、地域の歴史を探索するとともに魅力的に発信して人々の心を揺さぶるという大切な博物館業務が疎かになっているのではないかと感じていた。ちなみに、在任中の２年間で、遺跡（古墳）の存在を探索するという積極的な意図をもって実施した学術調査は小規模のものが１件だけであったと記憶している。

　緊急発掘調査とこれに係る記録保存のあり方については、スタッフたちとも随分議論を行った。その中では大きく二つの方向性があったと思う。一つは、発掘調査に要する人員・経費の合理化である。具体的には民間調査組織を実施主体とする調査体制の導入などを検討した。しかし、文化庁の指導では市町村職員による現地監理（監督・管理）が必須条件で、市町村の介在しない調査の「丸投げ」は不可とされているため人的削減効果が期待できず、コスト面でも現行の「直営＋測量委託」方式よりむしろ高くつく試算となった。もう一つは、業務自体の合理化である。発掘調査等を一律に文化庁仕様で実施することを止め、市の独自運用（例えば、試掘・確認調査の結果が一定要件を満たせば本発掘や調査報告書の内容を簡略化できる基準を定め、段階的に簡略化した仕様をいくつかパターン化しておき、遺跡の重要度に見合った選択をする運用）を導入することなどを検討した。しかし、これは埋蔵文化財保護の根幹に関わること、すなわち埋蔵文化財が文字記録のない時代や文字記録では表せない事象を明らかにするものであること。さらに発掘調査後に遺構・遺物が破壊され二度と調査できなくなることの二点を根拠として、国のなりたちや地域の歴史を明らかにする目的を達成するためには、一律に文化庁標準仕様で発掘調査・記録保存を遂行する必要性があるという理由により退けられた。

4　「本證寺境内」のこと

　そんな折、とうとう恐れていたことが起こった。本市南部の野寺町に

ある本證寺は、三河一向一揆の拠点となり若き日の家康を苦しめたという戦国時代の歴史を彩るとともに、現存する本堂、鼓楼などの建造物をはじめ内堀と外堀の二重の堀を有する城郭伽藍史跡として大変貴重な「本市の宝」である（概要は第3章第3節）。まさにその貴重な外堀遺構の北西角の直上において、分家住宅が建築されることになってしまった。市と地主（施主）・建築請負業者の三者協議では、基礎工事について地中の遺構を壊さないよう掘削深度をぎりぎりまで浅くする特殊な地盤補強工法を採用するよう重ねて要請したが、通常の工事費より割高となるのに加えて、ちょうどその前年度に東日本大震災が発生し地震対策の必要性が盛んに叫ばれていた折で、到底理解を得られる状況ではなかった。現地は過去に実施してきた学術調査に基づき外堀の規模、位置などをほぼ正確に特定できていたが、市として先に述べたような事情により史跡指定に踏み切れていなかった。そのため法的に成す術がなく、市から地主にはひたすら任意の協力依頼をするばかりで、一方、地主としては念願のマイホーム建築に市からあらぬ言いがかりを付けられる恰好になってしまったのである。市としては将来、国史跡指定（建物等で言えば重要文化財級。ちなみに国宝級は「特別史跡」）を受けることを視野に入れていたので、またぞろ「記録保存」になってしまうのではないかと、すがる思いで東京の文化庁に泣きついた。しかし、城郭伽藍史跡として最重要の構成要素である堀が壊れることは致命的であり、今回の案件では国史跡指定に向けた安城市の姿勢と熱意が問われていると逆に突き放されてしまった。

　「窮鼠却って猫を噛む」ではないが、覚悟を決めた私たちは、分家住宅の代替地を確保するのに加えて指定予定地内にある母屋（本家）の移転・買収を行うとともに、国指定（面積約3.7ha）に向けた関係地権者への事前交渉を同時並行で行う荒業に打って出ることにした。その後、本当に大勢の方々——移転していただいた地主はじめ替地を提供してくださった2軒の農家、突然の指定の話にも前向きに耳を傾けてくださった地権者の方々と町内会役員の方々、そして本證寺ご住職、5千万控除（公共事業のために土地建物を売った場合の特例）が無い中で用地交渉に同行し助言くださった税理士、あり得ない日程で測量や契約・所有権移転を間に合わせて

くださった土地家屋調査士と司法書士、そして時々背中を押してくださった文化庁の主任調査官——にたいへんお世話になった。この中には既に鬼籍に入った方もいて、「本證寺さんの為ならしょうがないな、いつでも俺の土地持ってけよ」と豪快に笑って応じてくださった「本證寺ハスの会」の重鎮 K さんのお顔などを思い浮かべると、今でも鼻がツンとなってしまう。当地野寺町の住居地区は、ほぼ本證寺外堀の内側にあり、ほとんどが檀家なのだが、指定に向けての地元説明会を開催したところ、「本證寺さんの為ならしょうがないな」という言わずもがなの空気が会場全体に充満し、ここ野寺の集落そのものが文化財じゃないかと思える不思議な気分になった。筆者が文化財課を離れてちょうど2年後、その間にさらに野寺の方々からは一層のご協力を賜り、また、本市職員も現場と東京を随分走り回って汗をかいて、2005（平成27）年3月に「本證寺境内」は正式に国指定史跡となった。

5 守り伝えること

　全ての埋蔵文化財を万全な形で守ろうとするならば都市の発展を著しく停滞させるだろうし、守ろうとする努力を怠るならばいずれ開発の波に飲み込まれ滅失してしまう。限られた人員・予算・時間を有効かつ集中的に投入するためには、「どのようにして守り」「伝えるか」を考えると同時に、そもそも「何（どこの遺跡）を守るか」という優先順位付けが重要なのはいうまでもない。先に触れたように、「埋蔵文化財包蔵地」においても原則として開発行為は許可される。工事に先立って発掘調査を行うが、結果として遺物と調査報告書が残るのみで、ホンモノの遺跡を「守る」ことに対しては無力である。

　そこでホンモノを「どのように守るか」だが、まず一つ目に、「史跡指定」（国、県、市の各指定あり）を受けることが安全な方策である。「指定」があれば住宅開発等で遺構・遺物が破壊されることを法的に規制できる。しかし、一方で、土地所有者の立場では土地活用等が厳しく制限されるので、「指定」の要件として予め所有者の同意を得ることが義務付けられている。「指定」による現状変更制限の損失補償として固定資産税等が減免

される場合があるものの、半永久的に活用制限を受けるので、一般的に所有者の抵抗感は相当強いものとなる。活用制限に伴う受忍の解消を図りつつ「守る」ことの万全を期すためには、土地買収による公有地化が究極の方策である。公有地化には所有者や地元住民の方々の合意形成に加えて大きな予算が伴うので、文化財保護部局を超えた庁内コンセンサス及び議会を含めた市としての政策意思決定が必要となる。また、財源（国費）を確保するためには、文部科学省や国土交通省の国庫補助事業採択も必要である。勿論、指定の前提として史跡の価値を測るための学術調査及び範囲確定のための測量調査を行い、その本質的価値を構成する要素を整理しておく必要がある。さらに国史跡指定の場合は、文化庁による事前調査・審査を経て文化審議会による決定を受けなければならない。このように「指定」に要する業務は、地権者交渉や庁内調整などの「事務屋仕事」にも及んで多岐にわたるため、緊急発掘調査・記録保存に係る業務との両立が困難となり、止むを得ず前者（すなわち「守る」こと）が疎かになっているのが実態と思われる。

　二つ目に、指定と公有地化を前提に「何を守るか」の個別具体の判断は、文化財保護部局が専門的見解等を踏まえて展開する保護の理想論と、企画財政部局がB/C（費用対効果）を盾に批判的に展開する現実論との間に生じる「健全な緊張関係」において下されるべきものと考える。埋蔵文化財の「現状保存」は、保護という点で理想的かもしれないが、圧倒的に多くの無関心な市民にとっては風景として何も発信しないただの空き地であり、中途半端に復元しても反ってみすぼらしさだけが強調されるという扱い難さがある。また、民間開発や基盤整備との関係でも、住宅、商業施設、道路、上下水道といった都市生活の利便性を阻害するという側面から明らかに文化財保護サイドは分が悪い。埋蔵文化財の存在（復元も含めて）が、生活利便性を超えてまちのグレードを高める（利便性の追求によりまちの個性や郷土愛の源が失われる場合がある）という主張を、圧搾空気的情熱でもって充満させておかないと「緊張関係」を保つのは非常に難しい。両方に身を置いた筆者の実感である。

　三つ目の「伝える」ことには、未来に残すことと現在に訴えることの両

面があると思う。「現状保存」は未来に残すことの典型であり、「記録保存」も多くの役割が未来に向けてのものと思われる。未来の活用、すなわち地域の歴史の再評価、新しい歴史像の構築等に資するため、信頼性の高い一次史料をできる限り広範かつ正確に調査整理し伝えようとするこれらの業務は、行政の担うべき重要な任務だが、費やされる人員・費用・時間も少なくない。市財政状況が年々厳しくなる中で、一般市民にとって「実益の薄い未来投資」との評価を下されかねない懸念がある。例えば本市においても土器などの出土遺物を保管する場所が飽和状態に近づいているが、際限なく繰り返される緊急発掘調査の遺物をどこまで費用をかけて保管し続けるのかは、近々に切実な課題となるだろう。ここには、未来に「伝える」ことを現在の、ほとんどの出土遺物をガラクタのように見做すであろう市民にどう納得してもらうかという課題が横たわっている。

　もっともっと懸命に現在に訴える努力と姿勢を示す必要があると思う。一部の考古マニアだけでなく多くの人たちから共感を得られないと、いずれ未来に残すこともままならなくなるだろう。埋蔵文化財及び史跡は、建造物や絵画などと較べてそれ自体の表現力が極めて弱いだけに、発信力を高める工夫と勇気が必要である。学芸員には、文字世界にはない考古独自のユニークな想像力の働かせ方やダイナミックな解釈の過程を、借りてきたものでなく自分たち自身の言葉で多くの人々に訴求するよう表現して欲しいし、時には批判を恐れずにオリジナルの解釈・仮説を語る勇気やサービス精神を示して欲しいと思う。語らない遺構・遺物であるが故に、ものすごく多くのことを豊かに語らせることができるはずである。

6　味方を増やすこと

　素人頭で埋蔵文化財を「守り伝える」ことを考えてきた（「事務屋」の偏った見方から課題ばかり論って、すっかり味方ではなくなったような気がする）が、最後に一番大事なことは、「誰のために守り伝えるのか」ということだと思う。現在に訴える場合でも未来に残すにしても、それには多くの一般市民、毎日忙しく働き、学校に通い、畑仕事に汗をかき、ボランティア活動に励み……日々の暮らしを営んでいる圧倒的に多くの普通の

人々の理解や協力が必要となる。埋蔵文化財保護は、改めて申すまでもなく「学究」でなく「行政」として仕事を遂行しなければならないので、民主主義のルールに従わなくてはならない。端的に言えば多数の人々に支持されなければ生き残ることができない。人口減少と高齢化により日本中で都市の縮退が指摘されはじめている中で、安城市もいずれそうした事態に直面するとともに財政状況が悪化すれば、埋蔵文化財保護における「行政」課題が一気に顕在化し厳しい評価に晒されるだろう。そのとき、普通の人々が胡散臭さや疑問を感じずに納得し得る迫力ある説明が絶対に必要になる。

さて、どのように「味方」を増やしていくかだが、いろんな場面で「文化財に触れることで市民の地域への誇りや愛着を育む」と言われる事がある。「触れる」の意味も含め、以下考えてみた。旅行は、ICTや映像技術が進化普及し高品質のバーチャル体験が手軽にできるようになっても、相変わらず人気である。温泉や食事、観光、買い物など様々な魅力があるが、何といっても実際に現地でホンモノを見て、非日常的な体験をしたいというのが動機だろう。博物館や美術館にお金を払って入るのもホンモノを見たいからである。ホンモノは一つしかなくそこにしかないからこそ迫力がある。さらに、これにものがたり性をもたせると俄然輝きを放つ。ものがたりには、「知る」とか「わかる」という知的な要素のほかに、栄光と挫折、繁栄と滅亡、生と死などといった情緒的な要素がある。両方が合わさって人々の心が揺れる。その感動こそが最も非日常的な体験である。本證寺の堀は名古屋城に較べたらちっぽけなみすぼらしい堀だけれど、この堀に詰まっている素晴らしい魅力的なものがたりを語らせることができると思っている。

「味方」を確実に増やすもう一つの方法は、一般市民の方々に文化財保護の当事者になっていただくことだと思う。「本證寺境内」は公有地化を計画的に進めているが、史跡整備事業については政策的に昨年度（平成28年度）、一旦白紙に戻した経緯がある。これには公共施設の地震対策（特定天井）や保育所待機児童ゼロ対策など、市民生活に直結する政策を暫く優先させざるを得ない事情がある。既に基本構想が策定されていたので、文

化振興課の方々とは侃々諤々の議論となったが、これを機会に基本構想→基本計画→実施設計→整備工事→維持管理委託という従来型の進め方を見直そうということで意見を一致させている。方向性としては、富山県氷見市などで先進的に始められているが、各工程に市民参加を徹底して組み込むことである。公園整備基本構想に基づき整備エリアを複数ブロックに分け、市民が設計に関わるだけでなく、花を植えるなど自分たちにできる範囲と専門家や業者に任せる範囲を定めて工事に参加し、さらに花を育て植え替えするなどのメンテナンスも行っている。この体験を次のブロックの設計・施工にフィードバックさせ、これを繰り返すことで成功体験を積み重ねていく。完成までに長い年月を要するが、「使う人をつくる人に変える」、「公共空間に個人の小さな占有を埋め込む」という思想は「ケンサチ」と方向性が一致する。ここでも本證寺の保存に尽力した「本證寺ハスの会」の活動が被る。会のメンバーが正門脇の内堀で腰まで浸かって、ハスの天敵であるザリガニやミシシッピーアカミミガメを子供のように楽しそうにつかんでいた。堀にハスを咲かせる取り組みの延長線上に、多くの市民を巻き込んでみんなでモッコを担いで「本證寺史跡公園」をつくることが、ここ野寺であれば実現できるのではないかと愉快な妄想に耽っている。

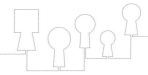

2 昼飯大塚古墳の整備とは何か

中井正幸

はじめに

　古墳の整備が各地で進み、見学可能な古墳が格段に増えている。そのことは古墳が発掘調査によって新たに価値が付加され、多くの人に見てもらえるという点で大いに称賛すべきことである。また発掘調査が整備に不可欠な学術行為として、重要な役割を担うことが再認識される点でも意義深いことである。

　しかし、その一方で整備の完成した古墳を見るにおいて、調査成果が十分に反映されていないのではないかと懸念されるものがあることに気がつく。そこで、ここでは岐阜県大垣市が取り組んだ「国史跡　昼飯大塚古墳」（以下、昼飯大塚古墳）の史跡整備と活用を例にして、古墳の整備が直面する現代的課題、すなわち史跡と地域コミュニティ、学校教育、まちづくりの関係について考えてみたい。

1　昼飯大塚古墳の整備とはどのようなものか

（1）発掘調査と史跡整備

　最初に、昼飯大塚古墳の史跡整備がどのようなプロセスを経てきたのか簡単に触れてみたい。古墳は今から約1600年前に築かれた墳丘長約150mの岐阜県最大の前方後円墳で、平成5年度にはじめて本格的な測量を行って全貌を把握し、平成6年度から11年度にかけて発掘調査を実施した。

　発掘調査に着手した段階では墳丘は全面竹藪に覆われ、宅地が墳丘際まで押し寄せる状況にあるなど古墳本来の形状や規模が不明瞭な状況で、さらに複数の地権者が保有するなど見学が自由にできない状態にあった。発掘調査の目的は、古墳を保護するための範囲を確定することや、築造年代、

歴史的価値を明らかにすることにあった。平成12年度には調査の成果を受けて国の指定を受けることができ、それまでの調査総括を『昼飯大塚古墳　国指定史跡』（大垣市教育委員会文化振興課2000）として刊行している。

史跡指定後の平成16年度から19年度までは、整備に必要な調査すなわち墳丘修復に必要な発掘調査やボーリング調査などを実施し、平成21年度からの整備工事に備えた。

ところで、平成8年度に策定した「基本構想」は平成19年度からの地域との意見交換を踏まえた「基本計画」に継承され、これを受けた「基本設計」によってようやく平成21年度から整備工事を始めることができた。整備工事は平成24年度までの4ヶ年をかけて完成をみるが、その後も周壕などの範囲を追加指定しながら保護を進め、現在も公有化を図りながら整備事業を継続している（図1）。

(2) 整備範囲と都市計画

「基本計画」を策定するにあたっては、発掘調査の開始以降は学識者からなる調査整備委員会の指導を仰ぎ、学校や地域へのアンケートや自治会との意見交換を踏まえながら進めた。そのため、事業に着手してから「基本計画」が確定するまで実に15年の歳月を要している。このように事業が長期におよんだことで、結果的に調査成果をどのように整備に反映できるかという議論をじっくり重ねることができ、さらに防災や都市公園をめぐる意識の変化を敏感に受けとめることができたと考えている。

ところで、当初の「基本構想」では古墳の周囲がすでに住宅と道路で囲まれていたことから、本来の墳丘や周壕の範囲を全て網羅することができなかった。現況で可能な範囲から事業をスタートさせたものの、古墳の保護範囲や将来的な整備範囲をどこまでとするかをきちんと計画や方針に盛り込んでいなかったことが悔やまれた。

また「基本計画」では史跡と都市公園の範囲を重複させることで整備を進めることとしたが、ベンチや四阿などの便益施設、駐車場やトイレなど、史跡との兼ね合いから取り込めないものが出てきた。計画の当初においてこうした公園として必要な設備について、予め用地取得を睨んだ計画が必要であることを痛感した。

第3章　桜井古墳群を守り、伝える

図1　昼飯大塚古墳全景（整備前（上）と整備後（下））（大垣市教育委員会提供）

2　古墳に触れてみる

　現在は一旦整備が終了し、完成した古墳には多くの方々が足を運んでいる。また古墳の見学では、「楽しみながら学ぶ」というキーワードを大切にしている。こうしたなかで地域や学校と連携した様々な行事を展開しているが、これらを「観る」「触れる」「想像する」という視点から紹介してみたい。

（1）観て学ぶ

　昼飯大塚古墳歴史公園の開園以来、大垣市では小学校22校全6年生約1,500人に対して、毎年現地をみてもらうための見学支援を継続している。平成27年度以降は「奥の細道むすびの地記念館」の見学とともに「ふるさと大垣科」という科目に位置づけ、単なる見学ではなく授業として実施している。

　この小学校見学では前年度に各学校へアンケートを行い、学校行事や授業に応じた見学希望時期を募り、スケジュールを調整した上で年間のバス台数を確保している。現地では学校の児童数により数グループに分かれ、古墳の説明を聞き、配布する見学シートにメモを書き込みながら学ぶ野外授業を行っている。見学後の感想文では、教科書に登場する古墳を目の前にし、登ることで古墳の大きさを体感したことの感動が生き生きと伝わってくるものが多い。

（2）触れて学ぶ

　もう一つ開園以来継続しているのが、「体験して学ぶ」ということである。具体的な取り組みとして「埴輪づくり体験」と「葺石葺き体験」がある。この取り組みのきっかけは、大きく削られていた墳丘を当時の姿に復する「復元ゾーン」に、業者による葺石や埴輪を復元するだけでなく、その場を利用した市民参加による整備を進めることができないかと模索したことによる。このことにより、地域や市民に親しまれる史跡となることを期待したのである。

　「復元ゾーン」の後円部上段・中段の葺石と埴輪列は業者による復元であるが、下段部分は平成25年度から29年度まで市民参加によって葺かれた葺石や製作埴輪によるものである。エントランスのビューポイントから

見る古墳の姿は、野外展示のゾーンでもある（図2）。

「葺石葺き体験」は地元小学6年生2クラス約50人が、「埴輪づくり体験」は地元中学1年生5クラス約150人がこれまで取り組んでおり、小学校卒業後も再び中学で古墳に触れることになる。「埴輪づくり体験」では各クラスの班がそれぞれ製作した埴輪を一定期間乾燥させた後に野焼きを行い、秋のイベントと合わせて自らの手で並べて固定する行事を続けている。

学校の友達と協働して葺石を葺き、埴輪を並べることによって永く人々の目に触れることになり、参加した児童生徒にとっては想い出がカタチに

図2　後円部の「復元ゾーン」で埴輪を並べる（大垣市教育委員会提供）

図3　小学生の葺石葺き体験（左）と中学生による埴輪設置（右）
（大垣市教育委員会提供）

残ることとなる（図3）。

(3) 想像して学ぶ

　整備された古墳は発掘調査後には保存のために埋め戻され、現況では見ることができない。ここにおいて遺跡の保存と公開という問題に突き当たるのだが、これを少しでも解消するため現地にいながら埋め戻された遺構や出土遺物をCGで再現する試みを、平成10年度より情報科学芸術大学院大学と取り組んできた。

　今ではGPS機能やAR機能は携帯端末に搭載され、アプリケーションを端末にダウンロードして文化財を鑑賞することができるが、昼飯大塚古墳では専用のタブレット端末を用いて、古墳築造当時の姿や調査トレンチ内の葺石や埴輪列、後円部頂の竪穴式石室や粘土槨、鉄製品列などの様子を見ることができ、埴輪製作の動画や音声による解説も用意している。

　現在このタブレット端末を用いたARシステムはおもに学校の見学支援に活用し、古墳の上で子どもたちに発掘調査の状況や当時の埴輪の姿、埋め戻された石室などの様子を伝えている。子どもたちにとっては今は見えない古墳にあるものを発見しながら、様々な想像を駆り立てる一助となっている。子どもたちのタブレットを持ちながら歩き回る姿は印象的である（図4）。

　発掘調査から整備までの間には、実に多くの調査成果や研究解釈が積み重ねられている。しかしながらその大半は市民に伝えきれていない。こ

図4　古墳見学でタブレット端末を利用する小学生（左）とタブレット画面（右）
（大垣市教育委員会提供）

うした様々な情報をタブレットに詰め込み、現地で見て貰うのである。もちろん内容は研究の進展に伴って変更することが可能である。調査でわかったことをどのように現地で学び感じてもらえるのか、自分の頭で考える時間や場所を古墳で体感できるということが史跡整備の醍醐味ではないだろうか。

3　整備に参加する — 子供たちの提案 —

（1）学校との連携から地域の参加へ

　古墳の整備ではどれだけの人がこの事業に関わることができるか、その点にも創意工夫をこらした。整備が完成する直前の2013（平成25）年1月には「古墳シンポジウム」を開催し、学識者による講演のほか小学生や中学生からの提言を受けたり、市長を交えた地元自治会長らによるパネルディスカッションを行った（図5）。

　「ウォーキングで楽しみたい」「野外演奏してみたい」「古墳バーガーを食べてみたい」などの提案があり、早速翌年の秋に「古墳ウォーキング」としてこれらをすべて実現した。このことには市長の意向があったものの、自治会をはじめ婦人会や商工会、小中学校などの関係団体が実行委員会を組織して企画にあたり、古墳を通じての地域協働の賜物となった。メイン会場の古墳公園では、指定文化財「青墓大太鼓踊り」の披露や資料館指導による勾玉づくり、リトミック岐阜による子ども演劇団体の参加など

図5　古墳シンポジウムでの寸劇（左）と実現した演奏会やウォーキング（右）
（大垣市教育委員会提供）

地域を越えた取り組みが広がり、予想以上の波及効果となった（図6）。このときに創作した「古墳まんじゅう」は、今でも地元の和菓子店で販売され手に入れることができる。

(2) 市民の参加

さらに古墳整備に参加するイベントとして平成25年度から3ヶ年、市民や地域から参加者を募っ

図6 古墳で郷土芸能を披露する地元の保存会のみなさん（大垣市教育委員会提供）

て「葺石葺き体験」や「埴輪づくり体験」を行った。複数の参加者が一つのグループとなり葺石を葺いたり、1本の円筒埴輪を製作したりした。当初は製作埴輪が壊されるという出来事もあったが、今はりっぱに野外展示され古墳の一部として馴染んでいる。

また広い周濠部分は、オープンスペースとして自治会と話し合いながら、夏休み期間中にはラジオ体操に、また月ごとのパターゴルフなどに利用してもらっている。毎年秋には学校行事としての清掃活動を古墳公園で続けるなど、学校と地域が協働する例も出てきた。

さらに近くの岐阜大学「旧早野邸セミナーハウス」では大学と連携して昼飯大塚古墳の展示コーナーを設け、古民家再生と古墳見学をセットで行う動きが新たに生まれてきている。このように史跡公園という場が人と人、人と地域、学校との繋がりへと広がっており、地域のコミュニテイの形成にも寄与している。

4 これからの整備に向けて ─安城市桜井古墳群への提言─

最後にこれまで取り組んできた整備を踏まえ、桜井古墳群をはじめとする今後の古墳整備を計画されている方々へ考えていることを提言としてまとめたい。

(1) 整備に必要な調査と手法

整備では、発掘調査などの様々な調査成果をどのように活かすのかを考

えながら実施することが求められてくる。
　昼飯大塚古墳の事例を以下にまとめる。
　　①後円部に設けた「復元ゾーン」の葺石の葺き方や埴輪の配置などには、これまでの発掘調査や調査報告書を参考に、葺石の区画列幅や1㎡内の施工密度、埴輪列における基準埴輪や個体差（胎土・調整技法）など、調査成果や研究考察を反映している。
　　②ARシステムの導入にあたっては、長年の発掘調査の記録をデジタル化してきたことから、トレンチや葺石・埴輪列などの遺構の表示に容易に移行することができた。整備では、発掘調査を「記録保存」から「活用保存」へと意識転換する必要がある。
　　③墳丘の修復では、建造物と同じく土木構造物においてもなるべく同質材（土壌）や盛土の技術を用いて整備することに努めたため、考古学的な手法だけでなく土木工学的な手法による調査を実施し工事に反映した。
　このような整備に用いる調査成果や記録、調査手法は、どのような整備を前提とするかによって異なってくる。異分野の技術者との意見交換も伴い、一層の計画的な調査が求められる。またそのための十分な準備やチームづくりにも配慮が必要で、日常的に経験している開発に伴う発掘調査とは大きく異なる作業が待っている。史跡整備は、発掘調査の延長という認識は改めなければならないだろう。

（2）持続するためのコーディネーター役の存在

　史跡整備は様々な異分野の人たちとの協働作業である。史跡整備の担当者は、埋蔵文化財の担当者が発掘調査から引き続き行う場合が多いが、それだけにこうした人たちを繋げるコーディネーターにもならなければならない。
　昼飯大塚古墳では、以下のような事例がある。
　　①史跡整備を都市公園として整備することで、都市計画や土木の担当者と連携して事業を進めてきた。先に触れたARシステムではIT分野の大学との連携、さらに漫画を使った普及活動では大垣女子短期大学のマンガ学科との連携があった。

②古墳の見学においては、史跡と学校・地域を円滑にむすぶ役割が求められた。とりわけ学校では年間行事やクラス担任との連絡調整が多く、行政と学校をつなぐ割愛教員（学校から一定期間行政へ出向する職員）の存在が大きい。「埴輪づくり体験」という1学年150人全員が参加する取り組みは、やはり教員にしかできない着想である。

③まちづくりという観点から古墳整備に取り組むことである。古墳からまちづくりというと馴染みにくいと思われるが、そこには市民協働やボランティア活動も伴い、異分野の方々が古墳に集うことにより輪を広げることができた。そこにはやはり縦割り発想ではなく横につなげていくという気持ちが必要である。

以上のようなコーディネーターとしての役割が、発掘調査や報告書の編集以外にも整備事業には求められてくる。これからの史跡整備は工事のハード面の研修や情報交換だけでなく、コーディネーターの育成や意識の向上にも力を注がなければならない。

（3）史跡の整備と文化的コモンズ

昼飯大塚古墳の発掘調査や史跡整備を通じて学んだことは、様々な関連分野と密接に繋がることでまた新たな分野の人々と仲間となり、そして地域にもボランティア活動が広がっていくということだ。

こうした連鎖は「文化的コモンズ」と呼ばれるものに近い。文化的コモンズとは「地域の共同体の誰もが自由に参加できる入会地のような文化的営みを意味し、近年では地域のアイデンティティの確保のみならず、様々な文化活動、すなわち教育と文化、福祉と文化、観光と文化、産業と文化など、文化との広範な連携により地方の活力を生み出す営為を指す」ことである。

「文化」、「文化財」と分類して呼んでいるものは、これからは社会の求めに応じて不分離なものとして受けとめていくべきではないだろうか。史跡や史跡整備はその拠点で契機であり、それを担う主役は地域であり市民である。

第3章 桜井古墳群を守り、伝える

主要引用・参考文献

一般財団法人地域創造編　2016『地域における文化・芸術活動を担う人材の育成等に関する調査研究報告書―文化的コモンズが、新時代の地域を創造する―』

第26回考古学研究会東海例会編　2016『古墳の調査と整備―保存と活用を考える―』

中井正幸　2005「昼飯大塚古墳における史跡整備の取り組み」『遺跡学研究』2、日本遺跡学会

中井正幸　2009「昼飯大塚古墳に学ぶ―これからの考古学と現代社会を見つめて―」『立命館大学考古学論集Ⅵ』

中井正幸　2014「昼飯大塚古墳の整備事業と街づくり」『古墳時代の考古学 10 古墳と現代社会』同成社

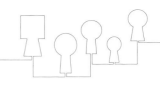

3 桜井の文化遺産

伊藤基之

はじめに

古墳群に「桜井」を冠される桜井地区は、安城市域の南東部にあたる（図1）。現在、私たちが桜井地区と呼ぶ範囲は、1967（昭和42）年4月1日に安城市と合併する前の旧碧海郡桜井町をさし、概ね江戸時代後半の碧海郡桜井村と重なる。そして、この桜井地区に所在する指定文化財は106件を数え、市域の指定文化財223件の半数近くを桜井地区が占めている。国指定だけでも6件中5件が桜井地区にあり、まさに「文化財のまち」といえるのだが、こうした史跡や文化財の多さは桜井地区の地勢と大きく関係している。

図1　桜井地区範囲図

桜井地区東部は矢作川によって形成された標高約8mの沖積低地が広がり、西部は標高12mの碧海台地と呼ばれる洪積台地に二分される。そして低地と台地の境には矢作川の支流である鹿乗川が流れる。矢作川の治水の歴史は1399（応永6）年の築堤記録が最も古いが、1594（文禄3）年に豊臣秀吉が田中吉政らに命じた築堤工事までは、現在の鹿乗川も含めた複数の河道が網状に流下していた。稲作農耕を主体とする弥生時代には、幾たびもの洪水によって堰き止められた小河川が後背湿地を形成し、地味豊かな農耕に適した環境となっていた。そして、水の引きやすいこの沖積低地に大規模な集落と生産地（鹿乗川流域遺跡群）が展開していた。こうした低地の耕作地と安定した台地という地勢は、その後の時代においても集落

が継続して存続する基盤となっていたことが桜井地区の文化財の多さにつながっているといえる。

以下、桜井地区の主だった文化財を紹介し、本書で取り上げられる弥生から古墳時代を除いた桜井の歴史を概観していく。

1　縄文から弥生へ

安城市域の縄文時代の遺跡は少ない。しかし、桜井地区には縄文時代晩期の代表的な貝塚である「堀内貝塚」(堀内町)がある。1927年、道路建設中に貝層が発見され、桜井古墳群の調査に訪れていた史跡名勝天然紀念物を所管する内務省史蹟考査員[1]の柴田常恵が貝塚と確認した。同年柴田が中心となって発掘調査が行われたが、これが安城市域で最初の遺跡発掘調査であった。

この貝塚は規模こそ小さいものの旧海岸から遠く入り込んだ碧海台地の端にあり、矢作川流域では最も上流にある貝塚として注目されている。現在まで8回の調査が行われているが、ハイガイを主体とした貝類のほか、シカ・イノシシ・魚類の骨、土器片・石鏃などが出土し、貝層は台地裾に沿って、長さ22m、幅7m、厚さ最大1.1mの範囲に広がる。また、その後方台地上には、遺体をいったん土葬にした後に骨を取り出して再度埋葬する再葬墓を含む土壙墓、土器棺墓が混在する墓域が確認されている。そして、この貝塚から出土した土器を基準に縄文時代晩期中葉の「桜井式」という土器型式が設定されている。

図2　堀内貝塚

堀内貝塚を形成した居住域は確認されていないものの、継続的ではないにしろ弥生時代前期前半まで集落は存続したようである。そして、堀内貝塚の集落が終焉を迎える時期に、台地東方の沖積低地に弥生時代前期の遺跡がみられるようになる。これが弥生中期以降、この地域の大規模拠点集落と

して発展する鹿乗川流域遺跡群のはじまりである。

2　古代寺院の造営と碧海郡郷

　飛鳥時代、権威の象徴は古墳から古代寺院の造営と移行していく。桜井地区では南の台地縁辺に寺領廃寺（寺領町）が造営された。1958 年の発掘調査により、金堂・講堂・東塔の基壇・回廊の一部が確認されている。西三河の古代寺院造営は 7 世紀後半に造営された岡崎市北野廃寺が最古の寺院とされ、西三河以外の他地域では見られない素弁六弁蓮華文軒丸瓦と呼ばれる独特の文様をもつ軒丸瓦が用いられた。寺領廃寺でもこの素弁六弁蓮華文軒丸瓦が出土することから（図3）、北野寺の創建からさほど時を経ずに造営が開始されたとみられている。また、奈良時代には本格的な堂宇の建立・補修がなされており、北野廃寺にかわる碧海郡の寺院の中核的な地位にあったと目されている。

　ところで、北野廃寺も寺領廃寺も古代碧海郡域にあった寺院である。古代碧海郡は『和名類聚抄』によれば、15 あるいは 16 郷が属しており、そのうち桜井地区に比定される郷は「桜井」郷と「小河」郷の 2 つである。どちらも現在の桜井町と小川町として、その地名を残している。古墳時代、二子古墳が造営された桜井と、姫小川古墳が造営された小川という二つの地域が古代においても引き続き二つの行政区として存続していることは注目しておく必要があるだろう。

　さらに、2001（平成 13）年に寺領廃寺の北 1.7km の沖積地に所在する下懸遺跡（小川町）から三河で初めて木簡が出土した（図4（上））。谷地形から出土したため時期を判断するのが難しい状況であったが、書体から奈良時代前半頃の習書木簡とみられている。その後、寺領廃寺の東 250 ｍの沖積地に所在する物作遺跡（木戸町）でも奈良時代とみられる 2 点の木簡が出土しており、そのうちの 1 点には「呉部足国」という人名が書かれていた（図4（下））。呉

図 3　素弁六弁蓮華紋軒丸瓦
（寺領寺出土）

部氏は三河国碧海郡砦見郷を本貫地とする渡来系の氏族と考えられており、砦見郷は惣作遺跡から南東へ1.3kmいった現在の西尾市東浅井町・西浅井町付近に想定されている。これらの木簡の存在は寺領廃寺との関係も指摘されているが、習書木簡は儒教の経典「四書五経」のうちの『春秋』『尚書』といった中国古代の歴史書の名など仏教とは直接関係がない役人の教養的な文言が記されていることなどから、この近辺に碧海郡の何らかの役所が存在した可能性を考えてもよい。

一方、古代桜井地区の神社については、『延喜式』神名帳には碧海郡内に6座の式内社が記されており、その中の比蘇神社を櫻井神社(桜井町)にあてる説がある。現在の本殿は三間社流造で市域でも数少ない檜皮葺きの建物である。長く1527(大永7)年の建立とされてきたが、近年の研究では1610(慶長15)年であることが指摘されている。この櫻井神社境内の西側の御堂に平安時代末期の作とみられる薬師如来坐像がある(図5)。現在は桜井町印内地区で管理されているが、もとは櫻井神社の神宮寺のものと推測されている。寄木造で像高143cmの堂々とした体躯をもつ市内最古の木像である。

現在も櫻井神社では、毎年10月の最終日曜日に大祭が開催され、江戸時代から下谷の集落に伝わる棒の手や、桜井の7つの地区(7か村)から集

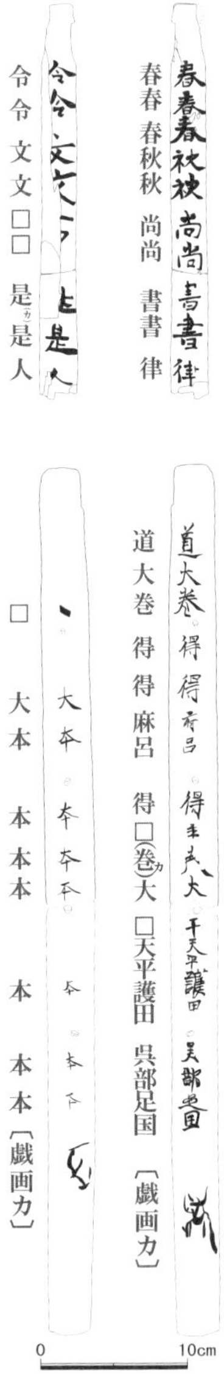

図4　下縣遺跡出土木簡(上)・惣作遺跡出土木簡(下)(永井2011改変)

図5　薬師如来坐像(印内地区蔵)

まった祭囃子屋台も奉納されるなど、市内随一の崇敬を集めている。

3　三河真宗と本證寺

　桜井地区の南、前述した寺領廃寺の西500mに本證寺（野寺町）がある。堀を二重に廻らし、境内北側には土塁が残り、本堂北東の内堀に面した場所に見張櫓を思わせる重層造りの鼓楼が印象的な真宗寺院である。

　三河における真宗のはじまりは、13世紀後半頃に高田系門徒らによってもたらされたと考えられている。本證寺には開基である慶円の木像が伝わっており、その胎内墨書銘から1347（貞和3）年に造立されたことが判明している。この他にも本證寺には、「善光寺如来絵伝」や「聖徳太子絵伝」（ともに国重文）をはじめとする鎌倉時代末期から室町時代初期の成立とみられる真宗美術品、法宝物の数々が伝存する。このことから本證寺は13世紀末頃に創建され、14世紀中頃までには堂舎が整備されていったものと推察されている。

　15世紀中頃に本願寺第8世蓮如の布教により、西三河の浄土真宗寺院の多くが本願寺教団へ組み込まれていった。そして、本證寺と上宮寺・勝鬘寺（ともに岡崎市）は三河三か寺と呼ばれる三河本願寺教団の中核となった。この三か寺にそれぞれ末寺が属し、戦国期には本山（本願寺）－中本山（三か寺）－末寺という教団組織が確立されていく。末寺となる寺院は、16世紀初頭を中心に本願寺門徒となった人物が、本願寺から阿弥陀如来絵像を下付され自宅の一室に掛けて礼拝した所が道場となったことがはじまりである。それが江戸時代以降、本願寺より寺号を賜り、伽藍整備をしていくという経緯をたどるのが一般的であり、現在の真宗寺院につながっていく。一集落に一道場を原則として真宗道場が形成され、そこは信仰の場であったと同時に、地域に住む人々

図6　本證寺境内（鼓楼と内堀）

が結集する場でもあった。現在の桜井地区も概ね一町に一真宗寺院があり、集落景観の形成が戦国期からの真宗の広がりと無縁でないことがうかがえる。

4　三河一向一揆と本證寺境内

　1563（永禄6）年から翌年にかけて、本證寺ら三か寺を中心とする一向宗（本願寺教団）と松平（徳川）家康との戦いとされる、三河一向一揆が起こった。事の発端は本證寺への家康側の兵糧米徴収に対して、寺内への守護不入権を訴える一向宗との確執とされるが、その実態は家康家臣団の分裂にある。門徒侍が一向宗寺院に立て籠もり抵抗したこと、また一揆後の事後処理戦略に基づく一向宗坊主と門徒侍への制裁措置に基づいて「三河一向一揆」事件として流布されることになった。この事件以後、家康が一揆に参加した門徒侍の再出仕を認めていないことから、この事件は家康家臣団統制の画期とされている。市域においては、本證寺と松平一門の桜井松平家（桜井城址）が一揆方、これらに家康方として対峙したのが藤井松平家（藤井城址）と福釜松平家であった。一揆後に家康によって坊主衆は追放、堂宇は破却され、堀も埋められたとされる。1585（天正13）年に一向宗が赦免されると、寺内安堵とともに伽藍の復興がなされていった。

　さて、この三河一向一揆の起こった頃、すでに本證寺には堀と土塁が築かれていたことが、近年の発掘調査によって明らかとなっている。およそ300ｍ四方の広大な伽藍を二重の堀によって囲み、外堀の深さは約3ｍあったことも判明している。こうした戦国期の遺構が現在に至るまで良好に残存していることなどから、2015年3月に「本證寺境内」として国史跡に指定された。

5　近世村落と寺院

　江戸時代、市域のおおよそ東西が岡崎藩領と刈谷藩領であり、その間を幕府領及び旗本領が占めていた。17世紀の桜井地区の様子を見ると、本證寺領である野寺村と岩津信光明寺領であった寺領村、岡崎藩領であった木戸・藤井両村の他は全て旗本領であった。こうした近世の桜井地区の村

落の景観は、当時描かれた絵図からうかがい知ることができる。端的に言ってしまうと、江戸時代の集落と田畑の位置関係は、現在のそれと大きく変わっていない。村同士がやや離れた位置にあり、前述した戦国期以降に形成された真宗寺院（本證寺は除く）が

図7　円光寺本堂

村のほぼ中心にあり、その縁辺に神社が建つという景観を成すのが一般的である。

　桜井地区の村々にある寺院は、桜井松平との関係が深い菩提寺（桜井町）を除けば全て真宗寺院であり、江戸時代は本證寺の末寺であった。これら寺院の本堂の建立年代をみていくと、1663（寛文3）年建立の本證寺本堂が一番古く、次いで円光寺（1755（宝暦5）年：桜井町、図7）、安正寺（1779（安永8）年）、蓮泉寺（1799（寛政11）年：小川町）、法行寺（1811（文化8）年）、西心寺（1835（天保6）年：川島町）、誓願寺（江戸後期：姫小川町）と江戸時代に建立された本堂が残る真宗寺院は7か寺を数える。浄土宗寺院である菩提寺の本堂も近世に遡る遺構である。

　こうした近世の寺院建造物を中心に広がる集落の周辺を散策すると、車1台が通るのがやっとの狭い路地に近世末から近代にかけて建てられた古民家が点在し、往時の集落景観を思い起こすができる。

おわりに

　以上、桜井地区の史跡や文化財から、その歴史の一部をみてきたが、紙幅の関係でその他の多くの文化財を紹介できなかったことは残念である。

　「地域の文化財は地域で守る」と、私たち文化財保護行政に携わる者はよく口にするが、ここでいう文化財は指定された文化財のみを指しているのではない。その時代時代に生きた人々の営みによって産み出された有形無形の財産全てが、歴史的文化遺産なのである。桜井地区がこうした文化

第 3 章　桜井古墳群を守り、伝える

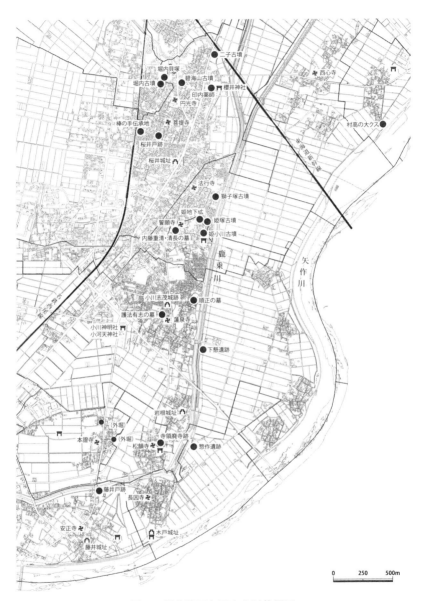

図 8　桜井地区主要文化財位置図

遺産を自らの手で守ってきた古い歴史があることを紹介して、この節を閉じたい。

1927年の堀内貝塚の発掘調査は、当時の桜井村長をはじめとする桜井村の人々が柴田常恵に対して熱心に要望したことで実現した。その後、個人が所有していた貝塚一帯の土地が町に寄付された。その理由が貝塚に建立された石碑に刻まれている。「遺跡保存のため」と。

註
（1） 1927年に文部省へ事務移管。

主要引用・参考文献
安城市教育委員会　1996『安城市文化財図録』
安城市史編集委員会　2007『新編安城市史2　通史編　近世』
安城市歴史博物館　2015『企画展　アッパレ！宮大工』
安城市歴史博物館　2015『国史跡指定特別展　三河真宗の名刹　本證寺』
安城市教育委員会　2016『安城市文化財調査報告第6集　安城の寺院建築』
桜井の歴史編集委員会　1979『桜井の歴史』
永井邦仁　2011「安城市下懸遺跡・惣作遺跡出土の木簡について」『愛知県埋蔵文化財センター研究紀要』12

＊このほかの関連書籍については巻末の「桜井古墳群をもっと知るために」参照。

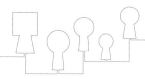

4 桜井地区からみた二子古墳

山本清尭

はじめに

　桜井古墳群が所在する安城市桜井地区では、1999（平成11）年10月から2022年3月までを計画期間として、「安城桜井駅周辺特定土地区画整理事業」が進められている。事業目的は、「対象地区は、旧来からの集落と農地が主体であるが、各種都市機能の集約化により、地域特性を生かした安城市南部の地域拠点とする。そのため、都市機能の分断要素となっている名鉄西尾線の高架化事業と連携し、鉄道東側既成市街地の再構築と鉄道西側新市街地の基盤整備を一体とした事業を施行。駅前広場及びこれに接続する幹線道路等の公共施設整備、駅周辺の商業地整備、交通体系確立、居住環境改善を行い、安城市南部の地域拠点にふさわしい地区を創出し、個性的で魅力あるまちづくりをめざす」とある。

　桜井古墳群は、この区画整理事業対象地域内に入っていないが、桜井地区に数多く所在する歴史的文化遺産は、魅力あるまちづくりに欠かせない重要な要素と捉えている。ここでは、住民参加による区画整理地域のまちづくりや、それに相通ずる二子古墳と櫻井神社氏子との関わりについて紹介させていただく。

1　住民によるまちづくり

　安城市を施行者とする区画整理事業の推進に合わせ、住民参加によるまちづくりを進めるため、1998（平成10）年に「桜井駅周辺地区まちづくり委員会」を設立し、まちづくりの学習を重ねた。その後、さらに地域住民の意見を取り入れやすくするため、委員会の下にまちづくりの課題ごとの研究・検討をテーマとした「まちづくり部会（3部会）」を設立した。「環境・

第3章 桜井古墳群を守り、伝える

<桜井まちづくり憲章>

住みやすく愛着のある美しい桜井にするために…
みんなで憲章を守りましょう。

①歴史や文化を大切にし、孫子の代まで誇りを持てるまちをつくりましょう。
②田園風景になじむよう、緑豊かな美しいまちなみをつくりましょう。
③温かい地域の絆を受け継いで、周囲に配慮した建物をつくりましょう。

<桜井まち並み景観ルール>（詳細略）

<景観保全地区>
桜井城址が程近くにあり、歴史の散歩コースにもなっている地区であり、和風の落ち着いた雰囲気と、生垣や庭木などの緑を残したまちなみをつくりましょう。

<うるおい重点地区>
先行して住宅建設が進む地区であり、他地区のモデルとなるような、公園を取り囲んだ緑豊かでうるおいのある低層住宅地をつくりましょう。

<景観重点地区>
桜井駅前沿いは、桜井駅とデンパークを結ぶ地区であり、歩いて楽しいおしゃれなまちをつくりましょう。南安城桜井線沿いは、大型店ができ、桜井と他地域を結ぶ交通量の多い地区であり、規模の大きさを感じるまち並みをつくりましょう。

図1 「桜井まちづくり憲章」（上）、「桜井まち並み景観ルール」（下）

景観・歴史部会」「商業・産業部会」「福祉・バリアフリー部会」の3部会である。「環境・景観・歴史部会」は、「環境にやさしいまちづくり、歴史の香るまちづくり」をテーマとし、地区の豊富な文化遺産を生かしたまちづくりを意図したところに特色がある。

この「まちづくり部会」で課題に取り組む指針として「まちづくり憲章」「まち並み景観ルール」を制定した（図1）。地元住民が自主的に目指す「まちづくり」「まち並みづくり」を設定したことは誠に意義深いものと思う。

2008年名鉄西尾線の高架化事業も完了し、駅前広場の整備も進んだことから、これまでの提案、提言、ルールづくりなどからまちづくり、まち並みづくりの啓蒙活動、実践活動に軸足を移し始めた。その事例としては、①文化遺産めぐりを主とした桜井スタンプウォークラリーの開催、②ごみ処理、緑化を主とした環境課題への取り組み、③やさしいまちづくりの一環として福祉センターまつりの開催、④まちのにぎわいづくりの一つ、桜井ふれあい軽トラ市の開催などが挙げられる。

2　二子古墳と櫻井神社氏子の関わり

ここで、まちづくりとも関連する住民参加による文化遺産の維持管理について、二子古墳と櫻井神社氏子との関わりに触れたい。

桜井地区北部に櫻井神社があり、氏子である堀内・印内・中開道・下谷・城山・城向・西町・東町の8集落住民が、毎年10月の最後の日曜日に大祭を催行している。

1927年国史跡に指定された二子古墳と前述の櫻井神社氏子との関係は、現在、史跡指定面積の67.5％を櫻井神社が所有するに至ったことに由来する。その経緯は次のとおりである。

- 古墳の後方部墳頂に存在した桜井天神社（印内集落が護持）が1890（明治23）年発令の「神社合祀令」により、1914（大正3）年に他の集落の神社とともに櫻井神社に合祀され、その後、その境内地が櫻井神社へ譲渡されたこと。
- 1950年に、当時の碧海郡桜井村が過去に買い取った史跡内の土地を、1962年に櫻井神社境内地の一部と交換し櫻井神社の所有となったこと。

第3章　桜井古墳群を守り、伝える

　二子古墳の維持管理は、土地所有者がその任に当たるのが妥当との考えから、安城市と櫻井神社氏子（地区住民）が分担しつつ、樹木の伐採、枝打ち、草刈り、清掃などを行ってきた。

　高木の伐採や枝打ち、墳丘急斜面の草刈りは、多大な労力を要するとともに危険も伴い、氏子からは専門業者に任せたいとの声が繰り返し発せられている。

　一方、古墳の保存管理のためには、櫻井神社所有地を安城市へ譲渡（寄付）し公有地化した方が確実であるとの考えも出されている。

　いずれも、関係各方面と折衝するも前進せず、今後の課題として残されている。

おわりに

　依然として二子古墳の維持管理負担を回避したいとの声も多く聞かれるが、地域内に貴重な歴史的文化遺産が存在することに誇り、愛着を持ち、地域住民の力で文化遺産を守っていくことは「まちづくり」の観点からも重要なことである。

　区画整理事業とまちづくりにおいても、整備されてきた環境を守り活かしていくこと（まち育て）を主要な課題として実践活動を推進することが重要であり、こうした活動の担い手となる「人育て」及び地域住民の「ボランティア活動」参加が今後の課題である。

　二子古墳の維持管理も同様の課題であり、地域住民の認識、理解を深める努力とともに、中学生など歴史学習を兼ねたボランティア活動も働きかけ、文化遺産を守りとおして行きたいとの想いを強くしている。

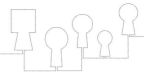

5 姫小川町内会と姫小川古墳

都築克洋

はじめに

1945（昭和20）年生まれの私にとって、姫小川古墳は庭と同じで子どもの頃からの遊び場だ。この場所は子どもの頃の思い出いっぱいの場所で、毎日暗くなるまで仲間20名ぐらいと遊んだ記憶がよみがえる。小学生の頃、よく夕食時に父親からこの古墳が国指定史跡であることを教えてもらった。ただし、三河の古墳時代を語る上でこれほど重要で、貴重なことだと認識したのは平成26年度桜井古墳群保存管理計画検討委員会の委員に加わってからのことである。

1 姫小川古墳と浅間神社、薬師堂

姫小川古墳後円部墳頂には、浅間神社が鎮座する。その由緒は不詳であるが、1872（明治5）年姫小川村の村社となっている。境内の石造物なども1893年に築かれた鳥居が初めてのもので、現在の社叢は昭和初期までの戦前と、昭和20年代後半の戦後に形成されたことがわかる。祭神はかつて豊玉姫命であったが、村に難産が続いたため甲斐国浅間神社（現山梨県）から木花咲耶姫命を勧進したといい、祭礼はかつて8月16日、現在では10月の第3日曜日に行われている。

1975（昭和50）年、村の方々と神社の社務所を整理したところ、伝説をしたためた書物が出てきた。その伝説を何とか次の世代（子どもたち）に伝えようと西村清（元桜井中学校長）、天野暢保（現安城市文化財保護委員長）、野村力（元村会議員）がわかりやすくまとめられたのが、皆さんにぜひ知っていただきたい『姫小川の由来』という本である（図1、野村1975）。

この本に配流された孝徳天皇皇女の伝承が「姫小川」の起源となること

が紹介されているが、注目すべき点はこの他にもある。それは、皇女逝去の際、「白鳳十辛巳年」[1]に陵（姫塚古墳）を造営して墳頂に小宮を築いたこと、再建時に墳頂が狭いため土を運んで右陵（姫小川古墳）を造営して皇墓浅間宮と称したという伝承である。その真偽は定かではないものの、姫小川古墳と浅間神社の関係を考える上で興味深い内容である。

一方、1975年前方部上から現在の位置に建て替えられた薬師堂は、1832（天保3）年「小川村絵図」には「薬王」と記された祠として描かれている。ただし、薬師堂の建立は絵図成立以後の1840年浅間神社の本地仏として社殿に合祀されていたものを分離安置したといい、「薬王」が薬師堂の前身であるかは判然としない。

図1　姫小川の由来

姫小川古墳についてもすべてわかっているわけではないが、それを取り巻く浅間神社、薬師堂も謎が多い。

2　姫小川古墳と姫小川町内会の関わり

筆者は、姫小川町内会長を2014〜2015（平成26・27）年に務めた。ちょうど、安城市教育委員会による姫小川古墳の発掘調査が行われたころにあたる。調査成果は他に譲るが、その契機は墳丘斜面の崩落防止という側面もあったと理解している。平成19年度に後円部西側斜面、平成20年度に後円部東側斜面の崩落防止のための土嚢が積まれ、木杭で留められた。こうした暫定的な工法によって、これまでのところ大きな災害とはなっていないものの、すべて解決したということではない。墳丘崩落防止には地被植物の成長が不可欠と考えるが、非常に急傾斜である墳丘によってか、植生土嚢の種子も定着することがなかった。また、原因の一つとしては地被植物のための光（日照）の確保ができていないことも挙げられる。

姫小川古墳の保護という観点で言えば、町内会の主な役目は樹木の伐

採・剪定といった社叢景観の維持である。これは神社総代が中心となって年2～3回、春と秋に実施している。かつて地元の古老に「浅間神社は鎮守の森だから一本たりとも伐採してはならぬ」とお叱りを受けたことがある。それからは樹木の伐採・剪定にはやや躊躇していたわけだが、今回の検討会議では近世から戦前にかけて古墳は適切な樹木管理が行われていたことを知った。しかしながら、高い樹木の剪定が慣れない作業で怪我をされる方もいるなど、地元で対応するにも限界がある。検討会議をしたところ素直に話し合うことができ、安城市と樹木の伐採・剪定についての方向性がまとめられた。その運用はこれから一つ一つ、安城市と地元、さらに姫小川古墳は浅間神社でもあり、宮係（宮司）と協力してことにあたるのが理想である。

おわりに

　保存管理計画作成以後、2015年3月町内会総会にて姫小川古墳保存会の発足を提案し、同年4月に地元有志6名とともに「姫小川古墳保存会」を結成した。活動していくうえで、まず、短期的・中期的・長期的計画に分類し、地元（自分たち）でできること、また安城市にお願いすること、その他依頼事項等を話し合い、一つ一つ進め活動している（図2）。

　さらに、次の世代への継承も重要である。安城市教育委員会が発行したリーフレット（「知りたい！　姫小川古墳」）も町内全戸に配布したり、地元（桜井）ウォークラリーや桜井小学校生徒による親子歴史巡りなどにも姫小川古墳をコースに含めていただくことなどを実施し、子どもから大人まで保存に対する理解を深めることができればと考えている。

　将来的には、浅間神社社殿改築の際には後円部墳頂にある神社の移転も当然議論され

図2　姫小川古墳保存会による
　　　古墳清掃活動

ることだろう。平岩文彦宮司からは「姫小川古墳は国指定史跡で、三河の古墳時代に欠くことのできない重要な古墳であるので、社殿は低い部分に移すことが理想」と伺ったことがあり正直驚いた。ただし、その点も慎重に検討しつつ、姫小川古墳と浅間神社の両方が地元にとって重要であるのだから、適切な方法で守り、伝えることができれば本望である。

註
（1） この「白鳳十辛巳年」と「六月廿四日」は、姫塚古墳墳頂にある石塔「姫宮墓」に記されたものである。

主要・引用参考文献
野村　力　1975『姫小川の由来』

> コラム 2

仏あらば魂入れよ
―文化遺産を活用した「まちづくり」について考える―

齋藤弘之

文化財保護の目的とは

　現代は実に厄介だ。最先端を目指し日夜努力する人々に対し、「なぜ1番にならないといけないのか」と平気で質問を浴びせる。同様に、税金が投入されている以上、これまで当然のことと考えてきた「なぜ地域の歴史を学ぶのか」、「なぜ地域の文化遺産を保護するのか」という本質的な問いにも、正面から答えていかなければならない。「著名な研究者が重要だといっているから」では、問いに対する答えにならない。聞きたいのは「あなた」または「私たち一人一人」の考えなのだ。

　この答えは、地域や時代、国や民族、そして個人によって、様々なものが想定される。ここでは、行政の立場から文化財保護に携わる筆者が考える、地域の歴史を学び文化遺産を保護する効果と、質問に対する答えとしてその目的を提示したい。

　効果としては、次の4点があげられる。

1　人々に誇りと勇気を与える

　その地域の歴史を学び、文化遺産に触れ、その本質的価値を理解することで、地域に対する愛情（郷土愛）が芽生え、誇らしいと感じ、地域に対するアイデンティティが形成される。筆者は、かつて青年海外協力隊員として国際協力にかかわった経験があるが、そこでは文化的勇気（cultural encouragement）として説明されていた（河野 1995）。これらは表現こそ違えど、ほぼ同様の人間の感情を表しているといってよい。

2　「共有」することで連帯感を生む

　形ある文化遺産には、法律上の所有者が存在する。その一方、文化遺産

コラム2

は博物館などで見学したり、実際にその場所を訪れたりしながら、その本質的価値を理解することで、人々に「共有」される。また、歴史的事象とはその場所で実際に発生したことであるが、時間が異なるため、私たちにとっては概念でしかない。これらを人々が互いに想起することで「共有」することができる。これらを「共有」した人々は、ある種の精神的絆で結ばれる。

3　反省の機会となる

歴史とは、全てが誇るべき輝かしいものばかりではない。謙虚に反省し、過去の過ちを繰り返さないよう誓うことも歴史を学ぶ意義のひとつである。また、自然災害のような避けられない現実から、その教訓を学び、対策を講じるのも同様である。

4　未来へのアプローチとなる

歴史の反省や教訓は、未来をよりよくするための知恵である。また、前述の郷土愛は、より行動的段階において、シビックプライド（civic pride）と呼ばれる。単に自分が居住する地域への愛情を抱くだけではなく、その未来を輝かしいものとするために何らかの行動をしようというものだ。後述する「まちづくり」とは、その具体的な形のひとつといえるだろう。

こうして得られた4つの効果から、地域の歴史を学び文化遺産を保護する目的とは、「地域における健全な住民自治（民主主義）を実行していくための精神的基盤を形成すること」だといえる。生命や財産に直接影響しなくとも、だから必要なのだと。

「まちづくり」とは何か

全国には、1,834の国指定史跡・特別史跡があり（2017（平成29）年2月現在）、重要文化財（建造物、美術工芸品、古文書など）、重要無形文化財（演劇、音楽、工芸技術など）、重要（有形、無形）民俗文化財、名勝・天然記念物だけでなく、重要文化的景観、伝統的建造物群保存地区といったように、今日

の「文化遺産」の範疇は幅広い。そしてこれら以上に、各自治体によって指定を受けた文化財、さらに指定は受けていないが地域から大切にされている文化遺産が無数にある。これに対し、平成28年度における文化庁の文化財保護関連予算は、451億円である。さらに各自治体の同様予算を含めれば、膨大な金額となろう。

　もちろん、諸外国との比較から、現在の予算額の不足を指摘する意見もある。それでも数百億円という税金が投入されている現状において、様々な文化遺産が、前述のように人々に誇りと勇気を与え、精神的絆となり、輝かしい未来のためのきっかけになっているだろうか。単に文化遺産の保存にとどまっていないだろうか（それ以上に、保存さえ覚束ないのが現状だが）。

　また、調査や研究をする側にも課題はある。調査や研究によって明らかになった文化遺産の本質的価値が、人々にどの程度理解されているだろうか。さらに、それらが「共有」され、地域の人々の誇りや連帯感に繋がっているだろうか。研究者の自慰に終始していないか危惧せざるを得ない。

　しかし、こうした課題が認識されていないわけではない。文化庁文化財部記念物課監修の『史跡等整備の手引き』には、史跡等を整備する際の基本方針として、次の5点が挙げられている（文化庁文化財部記念物課2005）。

(1) 本質的価値の確実な保存と次世代への伝達
(2) 本質的価値の顕在化
(3) 地域的文脈を踏まえ文化財の連鎖に注目した整備
(4) 地域に根差し、保存と調和した望ましい活用の方策
(5) 地域づくり及びまちづくりの核として位置づけ、歴史及び文化の側面からの適切な誘導

　(1)は文化遺産を確実に保存せよという内容で、(2)はもっと人々が見てわかるようにしなさいというものである。また、(3)では広域的な文化資源との連携の必要性をうたっている。注目すべきは(4)と(5)で、(4)では

コラム 2

地域社会に受け容れられ、互いに望ましい方向へ進展することを指摘し、さらに (5) では、文化遺産を中心として、歴史や文化を活かした「まちづくり」の実施を求めている。この「まちづくり」とは、同書中で「住民自らが主体になって、より住みやすい環境を作り出していく活動の総称であり、『まち』の特質（アイデンティティ）を守り、創造していくこと」、そして「史跡等に関連する有形・無形の資産を地域住民の目で捉え直し、独自性を有する良好な環境の総体として、地域の生活を活性化していく活動を実施していくこと」だと定義されている。こうした内容は、前述した地域の歴史を学び文化遺産を保護する目的に、まさに相通ずるものといえる。つまり、文化遺産がどれほど貴重であっても、地域社会から認められ、支援されるとともに、人々に誇りと連帯感を与え、未来へ向けた地域活性化に繋げていくことができなければ、決して十分とはいえない。

こうした「まちづくり」は各地で試みられ、様々な事例が紹介されている（例えば、土生田編 2009、阿部ほか 2013、文化庁文化財部伝統文化課ほか 2015）。多くの成功事例に共通しているのは、地域の人々が主体的に「まちづくり」活動に取り組む姿であろう。それは、自らのまちの将来は自らで決定するという、住民自治の発現として評価したい。

地域の人々の「まちづくり」への参加が、外部の人間にも端的にわかるもののひとつにボランティアガイドがある。筆者は、各地を訪ねる際、可能な限りボランティアガイドを依頼するようにしているのだが、彼らの立脚点は常に住民目線であり、生活そのものが文化遺産と共存したものとなっている。地域を活性化する活動に自らの意思で参加する彼らからは、地域への熱い思いと文化遺産への誇り、私見ではあるものの未来への展望までも聞くことができる。そして何より、「まちづくり」に参加して楽しいという実感が伝わってくる。単に正確な歴史的事実を知るだけなら、今やスマートフォンでも事足りる。本当に大切なことは、人から人へしか伝えられない。

図1　本證寺鼓楼を
　　　家族に説明
（安城ふるさとガイドの会）

図2　安城城跡をウォー
　　　キング参加者に説明
（安城ふるさとガイドの会）

つまり「まちづくり」とは、人々の社会参加のことである。

仏あらば魂入れよ

　2015年3月11日、安城市野寺町にある本證寺境内が国史跡に指定された。この寺は、鎌倉時代に創建され、1563（永禄6）年の三河一向一揆では、その拠点のひとつとなっている。当時からの二重の堀と土塁が今日まで残り、城郭寺院とも呼ばれる。江戸時代に再建された本堂は県指定文化

コラム 2

図 3　本證寺太鼓フェスティバル

財に、鼓楼、鐘楼、経蔵、裏門が市指定文化財となっている。

　この本證寺本堂は 1994 年に約 5 億円をかけて半解体修理をしたのだが、実はその補助金陳情のために結成されたのが、本書のきっかけにもなった桜井地区文化財保存会である（齋藤 2014）。安城市桜井地区には、本證寺をはじめ本書で取上げている桜井古墳群があり、以前から地域の文化遺産を地域の人々で支えようとする気風がある。例えば、1958（昭和 33）年には、当時の桜井町長の呼び掛けによって本證寺奉賛会を結成し（現在は解散）、本證寺の法宝物維持への援助を行ってきた。

　また、公共施設が整備される以前、催し物といえば寺院や神社を会場としていたこともあり、近年でも本證寺において様々なイベントが開催されている。2003 年から 10 回開催された「アートフェスティバル in 本證寺」、2015 年から会場を本證寺に移した「三ツ川ふれあいまつり」、そして 2016 年の「国民文化祭あいち 2016」の一環として開催された「本證寺太鼓フェスティバル」があげられる。さらに流祖が江戸時代の本證寺末寺に葬られていることに由来する「茶道　宗徧流茶会」、主に寺院を会場に開催される「国際交流音楽祭 in 本證寺」などもある。これらは、いずれも地元の有志が実行委員となり、企画と運営を担当している。それは資金集めに始

まって、関係各所との調整などの準備、当日の担当作業など、そこに参加し、汗を流すことで、はじめて「自分のもの」という実感がわく。それこそが「まちづくり」なのだと思う。こうした活動が、今後、ますます発展していくことを期待したい。

　古人は、優れているが重要な部分が抜け落ちている状態を、「仏作って魂入れず」と戒めた。逆に、もし地域に貴重な文化遺産があるのなら、「まちづくり」によって人々に誇りと勇気を与え、連帯感を育み、輝かしい未来のために地域を活性化することで、重要な「魂」を注入すべきである。あえていうなら、「仏あらば魂入れよ」と。

主要引用・参考文献

阿部貴弘・松江正彦・曾根直幸　2013「歴史まちづくりの手引き（案）」『国土技術政策総合研究所資料』723

河野　靖　1995『文化遺産の保存と国際協力』

齋藤弘之　2014「調査の経緯と現状」『雲龍山 本證寺調査報告』

土生田純之編　2009『文化遺産と現代』　同成社

文化庁文化財部記念物課　2005『史跡等整備のてびき―保存と活用のために―』Ⅱ　計画編

文化庁文化財部伝統文化課・ランドブレイン　2015『文化財の効果的な発信・活用ガイドブック』

ベネディクト・アンダーソン　2007『定本 想像の共同体』

6 桜井古墳群のこれから

佐藤正知

1 愛知県における史跡指定の歩み

　「史跡名勝天然紀念物保存法」(1919（大正8）年、以下、旧法という）の制定を契機に愛知県においても史跡の指定が取り組まれる。戦前において21件の史跡指定が実現しており、京都・奈良・島根・東京・福岡・群馬に次ぐ件数となっている。姫小川古墳もそのなかの一つで、1927（昭和2）年に史跡指定がなされている。それらの指定は、1922年に発足した愛知県史跡名勝天然紀念物調査会による調査報告の成果といってよい。調査は、その第3冊の清洲城址（所在地／由来伝説／現状／附言）に始まっている（愛知県史跡名勝天然紀念物調査会編 1925）。また、1935年に刊行された『愛知県史』第1巻（愛知県編 1935）の存在も大きい。そうした調査研究を推進した人物として小栗鉄次郎（1881―1968）と若山善三郎（?―1944）の二人を挙げることができる。小栗については名古屋市博物館がその業績についての紹介を2009（平成21）年に行い、その生涯をたどることができるようになった（名古屋市博物館 2009）。小栗は小学校教師として、休日には子供たちと土器や石器を採集して歩くとともに、研究者と交わるなかで考古学への道へと進んでいった。1927年から1945年3月まで、史跡名勝天然紀念物調査会主事を務めた。若山は明倫中学校（戦後の学制改革で、第一高等女学校と一緒となって明和高校となる）の教諭から、神宮皇學館の教授を経て、『一宮市史』や『熱田神宮史』の編纂主任等を務めた。名古屋温故会等から多数の史料を復刻したことも高く評価されている。両者は、先の報告のなかで、次々と県内の「史跡」の状況を報告していった。教師はかつて地域と深く関わる職業であった。地域にこそ、文化財や自然が存在しているのであるから、その活動が地域に向くのは当然のことであった。そもそも旧法の制定の背景には郷土教育の進展があり、戦後、地方史が提唱され、さら

に今日の地域史研究へと発展する。

　文化財保護の観点から戦前期の指定のあり方をふり返れば、調査研究と保護（指定）との明瞭な連関が意識されていたことを第一にあげることができる。そのうえで、今日的観点から、指定範囲が十分でない等の問題点を指摘することが可能である。墳丘など可視的な遺構の認識が主であり、それは、発掘調査の実施等によってのちに克服されることになるのであるが、目的意識的に追求されなければ適切な指定地の実現も不可能である。本来保護すべき範囲が十分にとられていない史跡は残念ながら全国に数多い。

　戦前に指定された史跡が多いということは、新たな学問的水準においてその価値を把握し直す作業が必要だということでもある。

2　愛知県の史跡の特徴

　旧法は1950年の文化財保護法（以下、法という）の制定に引き継がれるが、愛知県の史跡は、①貝塚（東西の境界に位置し、人類学・考古学の研究史上重要な遺跡が存在）、②古墳、③窯跡（生産遺跡）、④天下統一過程の舞台としての遺跡⑤尾張徳川家に関わる遺跡、⑥東海道に関わる遺跡の6つに大別することができる。④に属する清洲城跡をはじめ、各項目においてなお未指定であり、今後保護すべき遺跡が少なからず存在する。明治用水（旧堰堤について1969年に指定の答申が出ているが、現在未告示の状態）等近代遺跡についても調査研究を深めることが必要であろう。新しい『愛知県史』（別編　文化財1～4、2006～2015）が、別編として文化財（建造物・史跡、絵画、彫刻、典籍）を取り上げていることも注目される。近年、地域社会の構造とその歴史的変遷をたどるため、前・中期古墳と後期古墳とを含めて群指定を行う傾向にある。また、県指定や市町村指定、登録記念物・登録有形文化財等の登録、選定などさまざまな保護手法を駆使し、地域の文化・文化財を総合的に保存・活用することが求められているということは言うまでもない。

3　古墳をめぐる伝承 ― 江戸時代・明治時代 ―

　安城市には、明治政府による地誌編纂のため村ごとに書き上げられた村

第3章　桜井古墳群を守り、伝える

誌の控えが残されている。そのひとつである『姫小川村村誌』（以下、『村誌』という[1]）の浅間神社の項に、浅間神社が建つ場所（史跡姫小川古墳）が孝徳天皇の皇女の墓であるとの伝承がみえる。この伝承は誓願寺が伝えていたものらしく、『村誌』は誓願寺の過去帳の写しを載せるとともに、地名の由来を説いている。皇墓（大塚）という字名と姫小川の村名（1871（明治4）年まで、姫郷小川村と称したという）の解釈を試みたもので、芝山・門原・遠見塚・堂開道等の字名もすべて皇女との関わりで解釈がなされている。皇女の名は歌千代といい、「不行跡」により流され、当地に着船した。天皇の許可を得て御殿を造り住むが、白鳳十辛巳年に亡くなったとある。「此所ニ陵ヲ十二一重ニカタドリ土ニテ十二ノ段ヲ作リ、其上ニ小キ宮ヲ築キタリ、其後、宮ヲ再建センニ其上面狭キヲ憂ヒ、土ヲ荷ヒテ右陵ヲ建シト云フ、村民其社ヲ皇墓浅間宮ト云」との伝承は、「此所」と「右陵」との関係が問題である。また、奉侍の命婦である石の局は朱鳥元丁亥年に亡くなったとあり、陵の東北に葬られたとする。これは現在のシシヅカ（獅子塚、市指定史跡獅子塚古墳のことか）で、本来はイシヅカであったというのである。

　この伝承とは別にもうひとつの史料がある。皇女の名を綾姫とする、『姫郷地名鑑徳川三代目言上控』のうちの「姫郷地名鑑」なる史料（以下、『鑑』という）である（図1）。

　皇女綾姫のなきがらは豊玉姫神社の森に納められ、陵を増して（増築して）皇塚の森と呼んだ。御所では十二一重（十二単）を着飾っていたことから、塚の廻りを十二重の段としたという。多段築の墳丘のように描写されている。この史料については、1975年に平易な訳文が作成され、伝承の内容が広く知られることとなった（野村1975）。原本は浅間神社に所蔵されていたものであるが、現在は所在不明である。複数の写本が存在するようであり、元々は天保期に書写されたものと考えられている。

　伝承は先の『村誌』のものと類似するが、相違点

図1　『姫郷地名鑑徳川三代目言上控』

も少なくない。第一に、『村誌』が元号を用いるのに対し、『鑑』は末尾に「白鳳十一年十一月」の記述はあるものの、本文中に元号は現れない。また、干支もみえない。第二に、『鑑』は登場人物が多く、彼らの出自を語る点に特徴がある。また、元々の地名を『村誌』が「野村」とするのに対し、『鑑』は「萱口（かやぐち）」としている。第三に、『鑑』では乳母は綾姫に先立って亡くなっている。第四に、『鑑』では浅間神社ではなく豊玉姫神社が登場する[(2)]。第五に、『鑑』においては蓮花寺の役割が大きく扱われている。

4　古墳をめぐる伝承 ― 大正時代 ―

1916（大正5）年刊行の『参河国碧海郡誌（みかわのくにへきかい）』（碧海郡教育会編1916、以下『郡誌』という）では伝承の場の固定化が進んでいる。「名勝旧跡」の項の「塚墓」に、姫塚と獅子塚等が取り上げられており、姫塚には、①塚の中央に五輪塔がある。②孝徳天皇の皇女が漂着したので、宮を造営し、長門・都築・河合・野村の四氏が奉仕した。③皇女は観音を信仰し、蓮華寺（宮）と称した。④白鳳十年に薨じ、村の入口の北隅に葬った、とある。また、獅子塚は、某天皇が獅子頭を国々の神祠に納めるが、のちにそれをここに埋めた、との伝承を記している。

5　伝承の真相

姫小川古墳の北東に位置する市指定史跡姫塚古墳の墳頂には、「姫宮墓」「白鳳十辛巳年」「六月廿四日」との銘文が刻まれた石塔が立っている（図2）。一般にこれが先の伝承にいう皇墓とされている（安城の歴史を学ぶ会編1992）が、『村誌』では明らかに現在の姫小川古墳をも皇女の墓としている。

姫塚古墳の石塔はいつ建てられたものであろうか。そして伝承そのものはいつの時代までさかのぼらせることが可能なのであろうか。1879年作成の「姫小川村全図」（安城市2008）には姫塚古墳の位置に「ヒメ墓」とあり、皇女の墓との伝承と符合する。一方、浅間神社（1872年に村社となる）の位置には神社の印が書き込まれており、『村誌』の「此所」と「右陵」との関係は、前者が姫塚古墳、後者が姫小川古墳であると理解される。

1819（文政2）年4月には、誓願寺が「姫宮千二百年忌」を執行したとの

史料が存在する（安城市教育委員会2017）。その際、正観音開帳と立札に書いて宣伝したことから悪評が立ち、宝物封印にまで発展することとなった。蓮花寺は廃寺[3]で、姫宮が蓮花寺に安置したという観音像は誓願寺が預かるところとなったという。誓願寺の主張するところによれば、本寺である本證寺の第16代住職賢誓（1737―1770、1744年に得度）の時代にも姫宮の供養が行われていたことがわかる。姫宮の伝承はその時代までは確実にさかのぼるものである（『鑑』の表題に「徳川三代目」とあることも興味深い）。『鑑』のほうが『村誌』より伝承の記録化が早く、より古い伝承をとどめている可能性はあるものの、すでに伝承の中心となる蓮花寺が廃されて久しく、また、誓願寺が姫宮の年忌法要を執行するなど、伝承の継承・再生に関与していたことは疑いない。

年忌の執行にあたっては墓の存在が必須であるから、すでに姫塚古墳や姫小川古墳が皇女の墓として位置づけられていた可能性は高いが、辛巳年の年紀は未成立であったと考えられる。1819年は己卯年であり、1200年めにも当たらないからである。石塔の刻銘は誓願寺の記録（過去帳）の整

図2　姫塚古墳の石塔

備にもとづいてのちに刻まれた可能性が高い[4]。

　そして、石塔に銘文が刻まれて以後、姫塚古墳＝皇女の墓伝承が確立することとなった。1916年の『郡誌』は伝承の成立過程の大きな画期である。しかしながら、注意すべきは、『鑑』も『村誌』もいずれも墳丘の増築を語っており、皇女の墓は姫塚古墳にとどまるものではなかった点である。より大規模な墳丘（丘陵地）こそ皇女の墓としてふさわしいと認識されていたのである。

　姫小川村において最大規模の古墳である姫小川古墳は、地域の呼称（地名）に名を負う「姫」の墳墓でなければならなかったが、1916年にはすでに伝承の場は姫塚古墳のみとなっていた。姫塚古墳は、大塚（皇塚）に対する小さな塚を意味する対照的名称であったが、いつの時か、「姫」の地名との結びつきを強くしたものであろう。『郡誌』は姫小川古墳そのものに全くふれていない。

　ここでは、古墳が「墓」と伝承されてきたこと、紀年が『日本書紀』（以下、『紀』とする）とは異なり、白鳳元年を天武元壬申年においていることに注目しておきたい（白鳳の年号は『紀』にはそもそも見えない。坂本太郎によれば、白鳳は白雉の異称であり、平安時代中期以降定着したとする（坂本1928）。また、朱鳥元年は『紀』では丙戌年である）。また、誓願寺過去帳等は孝徳天皇を第37代の天皇としており、これも第36代とする『紀』とは異なっている。これは『帝王編年記』や『愚管抄』における代数と一致するもので、『紀』の記述とは異なる伝承の系譜のあり方を示している[5]。

　近代に入ると、たとえば「古墳発見ノ節届出方」（1874年、太政官達）などに見られるように、陵墓の治定に関わり、古墳の発掘に対して規制が加えられるようになる。そうした布達が古墳と天皇家との関係を逆に浸透させる契機となるにちがいない。先にみた伝承はそうした背景のもとに確立していくのではなかろうか[6]。そして、地誌編纂は地域の伝承の記録化に大きな役割を果たしたといえる。

　蓮花寺の観音像の由緒と関わる皇女の伝承が語られ、姫小川村の地名の意味が説かれてきた。そこには誓願寺の果たした役割が小さくないようにみえるが、地域の人々が地名の由来を探り、土地と自らの関係性を見いだ

していたということは重要なことではなかろうか。古墳は径何mの円墳といった「かたち」以上の存在であった。

6　文化財の保存と活用

　法は、第1条で法の目的を述べるにあたり、文化財の「保存」と「活用」を図ることに言及している。「活用」は法の制定過程において問題となった語句であり、法が「保存法」ではなく「保護法」として立法された理由でもあった[7]。活用は「文化的向上に資する」ものであり（第1条）、「文化的活用に努めなければならない」（第4条）とあるように、単なる「利用」とは異なると言わなければならない。活用とは史跡の価値を伝えることと言い換えてもよいと思う。では、史跡の価値とは何かということになる。北村文治は「〔史跡〕の多くが内容的に未知の文化的要素を豊富に含んでおり」「他の類似の遺跡を史跡として指定することを積み重ねることによって、将来に新しい確実な文化的要素を発見していくべきものである」とし、「史跡は、何よりも高度の学術的専門的文化財である」と規定している（北村1973）。史跡の価値が何かを不断に問い続けていく必要がある。

　史跡に指定すると、土地の公有化を行い、史跡整備を行って活用を図るといった一連の流れをイメージするのが一般的であるが、整備は活用の前提とは必ずしもならない。どのような活用を図るのかによって、整備の手法は選択されなければならないし、あえて言えば、整備を伴わない活用もあり得るのである。

　一般的にハードとソフトという言葉がよく用いられる。施設整備等のハードとそれを活用したソフト面の取り組みといったようにである。ハードウェアが装置・物・物理的実体をさすのに対し、ソフトウェアは中身・プログラム・形を持たない、と説明される。いずれも元々は情報工学の世界の概念であるが、ここで注意しなければならないのは、「人」の問題が抜け落ちがちなことである。ハードとソフトを動かす「人」がいてはじめてコンピュータは機能するのである。史跡の保存・活用も究極は「人」の問題だと言ってさしつかえないのではなかろうか。「文化財を活かしたまちづくり」とよく言われるが、自分たちの住んでいるまちをよりよくした

いという欲求にどれだけ根ざしているか否かが、その成否を分けるのだろう。「町をよく生きる」という言葉は物事の本質をよくついていると思う（中村 2001）。

桜井古墳群と「人」との関わり合いを、今日の学術的成果に立って築き直すことが求められている。

註

(1) 『安城市史』資料編（安城市史編さん委員会 1973）に所収。『村誌』の該当箇所は 1887 年に記述されたものである。

(2) 浅間神社が勧請される前に豊玉姫命が祀られていたと伝承されている（野村 1975）。

(3) 『村誌』には、1184（元暦元）年の兵火で焼失したとある。

(4) 1832（天保 3）年の「小川村絵図」（安城市 2008）には浅間神社の位置に「薬王」とあり、かつて古墳の前方部にあり、南裾に移築された現存の薬師堂をさすものと考えられる。薬師堂の建立は 1840 年とされており（野村 1975）、年代に齟齬がみられる。浅間神社の成立過程についてはなお今後の究明課題である。なお、同図には獅子塚がみえるが、現在の獅子塚古墳とは位置が異なっている。

(5) 『村誌』自体は孝徳天皇を第 36 代とするなど、『紀』の記述に立脚している。なお、『帝王編年記』や『愚管抄』は神功皇后を第 15 代の天皇として付加している。

(6) 伝承は伝承に過ぎないから、あまり拘泥すべきではない。ただし、伝承が地域に受け入れられていく背景には地名だけではなく、以下の史実が存在すると考える。伝承は孝徳朝の出来事とされているが、658（斉明 4）年 11 月に孝徳天皇の皇子である有間皇子が謀反の罪により、皇太子中大兄皇子により絞刑に処せられる事件があった（『紀』斉明天皇 4 年 11 月庚寅条）。それに与したとされる坂合部連薬は尾張国に流されている（『紀』同日条）。坂合部連薬はのち、壬申の乱において大友皇子側の将としてみえ（境部連薬）、息長の横河で敗れている（天武天皇元年 7 月丙申条）。また、その大友皇子が弘文天皇として追諡されるのは 1870（明治 3）年の、近代に入ってからのことである。

(7) 1949 年 4 月 19 日参議院文部委員会文化小委員会議事録。

主要引用・参考文献

愛知県史跡名勝天然紀念物調査会編　1925「清洲城址」『愛知県史跡名勝天然

紀念物調査報告』3（のちに愛知県郷土資料刊行会より復刻。1973『愛知県史跡名勝天然紀念物調査報告』1）
愛知県編　1935『愛知県史』
安城市　2008『安城市内村絵図集』
安城市教育委員会　2017『本證寺文書記録類4』諸事記（文政2年～3年）
安城の歴史を学ぶ会編　1992『安城の石造物』
北村文治　1973「史跡保存における理想と現実」『日本歴史』305
坂本太郎　1928「白鳳朱雀年号考」『史学雑誌』39-5、史学会（のち、2013『坂本太郎著作集』7、吉川弘文館所収）
中村良夫　2001『風景学・実践編―風景を目ききする―』中公新書
名古屋市博物館　2009 平成21年度名古屋市博物館企画展『小栗鉄次郎―戦火から国宝を守った男―』
野村　力　1975『姫小川の由来』
碧海郡教育会編　1916『参河国碧海郡誌』

第4章 ディスカッション
三河国、ここにはじまる

司会
天野暢保

パネリスト
土生田純之・赤塚次郎・
早野浩二・西島庸介・都築克洋

天　野：それではパネルディスカッションを始めます。

　先ほどの先生方のお話（第1～3章参照）には、共通点があったように思います。土生田先生は古墳というものを政治という視点だけでなく、氏族の先祖を葬り、氏族結束の中核となるという視点を明らかにされましたし、その他の先生方も地域性を重視したお話だと理解しました。そこで今回のタイトル「三河国、ここにはじまる」を理解することから議論をスタートさせたいと思います。「三河の国、ここにはじまる」、このフレーズは「本当のことなのか、オーバーな表現ではないか？」ご参加の皆さまの腹に落ちるように説明いただきたいと思います。1点目としては、ここにいう「三河国」の範囲はどのような範囲でしょう。

　2点目として、「ここに」はたぶん「桜井古墳群に」という理解だと思いますが、今日のお話では、岡崎市に甲山1号墳、西尾市吉良に正法寺古墳、あるいは東三河の豊橋市石巻にも前期古墳が数多くみられると伺いました。そのなかにあって、なぜ三河国は「桜井古墳群にはじまる」と言えるのかを説明していただきたいと思います。

　そして3点目に、三河国とはどの時代を指しているのでしょうか。これは先生方で理解が異なるかもしれない部分ですね。どなたからでも結構ですので挙手いただけますか？

土生田：先程は、映像を使わず説明に終始した結果、時間が予定より短くなってしまいましたので、私から話したいと思います（笑）。「三河国」の範囲についてですが、早野さんは東三河から来られたわけで、「ここにはじまる」を西三河としてしまうと東三河の方に怒られてしまう

199

と天野先生は心配されているかと思いますが、あそこは「穂国」という別の国ですから心配ご無用です。少し古い時代の話なのです。

　飛鳥時代の最初の頃、倭国は小野妹子などを隋に遣わしたわけですが、その時、地方はどうだったのでしょうか。そのことについて、『隋書倭国伝』には倭国には国造という役職（地方官）があり、120人ほどで各地を治めていると記されているのです。この人数が、のちの平安時代に国造を記した史料（『先代旧事本紀』所収の「国造本紀」記載の人数）とおおむね一致しています。その国造には豊川流域に穂国造、矢作川流域に三河国造がいたということになっています。ただし、律令時代になるとこれが三河国、一国になるわけですが、ほかの地域でも武蔵国造は秩父（知々夫）国造と武蔵（无邪志）国造が合わさったように、いくつか分かれていたものが統合していく過程なのです。そして、統合された国と統合した国が各々の力関係で強い方が統合をはたしたのかと言えば、必ずしもそうではありません。当時の中央から見て、統治しやすい規模にしていったのです。もちろん、志摩とか伊豆とか小さい国もあるわけですが、ちなみに伊豆が小さいというと西島さんが怒ります。この方は伊豆出身ですからね。

　ただし、志摩は贄の国と言いまして、朝廷に直接食べ物を貢納する特別な国だから規模が小さいのです。伊豆も恐らく同様の性格があったものと思われます。例えば、実際に行って耕作したか否かは別としても、志摩国は班田収授の田がないので海を越えた三河の田を与えるということもあったのです。ただし、特殊な場合を除けば適正な規模に統合していくわけです。そのため、地方の力関係でそうなったかどうかは別として、皆さま、ここでは矢作川流域の三河国が豊川流域の穂国を吸収したというふうに思ってください。

　続いて「ここに」は桜井古墳群と考えています。桜井古墳群では、いくつかの地区に複数の王がいて、古墳が造られました。天野先生が挙げた他地域の古墳の被葬者も王に違いありませんが、単発的な場合が多く、古墳時代の初めの頃、これだけの規模の古墳を継続的に築造したのはこの桜井地域だけです。また、それを支えた碧海台地下の沖

積地の大集落、鹿乗川(かのり)流域遺跡群のような大規模な集落は他地域にはありませんよね。そういうことで、この桜井地域は特別な地域であることは間違いありません。穂国のある豊橋市の古墳についても、そこはそこで権力の地盤がしっかりあると思いますが、この桜井の地域が後々に続く三河国の発祥の地であることに違いありません。そういう意味では、岡崎市長や豊田市長だけでなく、豊橋市長もこの地で親任を受けるのが良いかと思います。

会　場：(拍手)

天　野：大変わかりやすく話していただきありがとうございます。地元では碧海を「へっかい」と呼ぶこともあります。次に赤塚さんにお尋ねします。「三河国、ここにはじまる」は桜井古墳群でよいかということと、また三河国がいつ頃まで遡るのかについてまとめていただけませんか。

赤　塚：はい、三河国は間違いなく矢作川の御河・「河」のことを意味するものだと思います。同じようなものでは、美濃国(みののくに)の御野・「野」がありますよね。三河国は矢作川の美しい流れを意味し「御河」(みかわ)と呼んだものと考えます。当時の三河国は矢作川流域の岡崎平野以南、中・下流域、これに幡豆(はず)が含まれたかどうかは微妙で、よくわかりませんが、そうした地域であり、その中心が桜井古墳群、そしてその周辺に展開する広大な鹿乗川流域遺跡群ということになるのでしょう。そして、遺跡の状況からみれば、弥生中期頃に始まり、2世紀、3世紀にまで遡ると言えるのではないでしょうか。

天　野：早野さんに質問です。「三河国、ここにはじまる」は桜井古墳群と言ってよいか、それとも言い過ぎではないかといったことについて、お考えをお話し願いします。

早　野：豊橋市の人間としては言いにくい部分もありますが…。赤塚さんから重要なキーワードとして「郡」(ぐん)が挙げられました。三河国、穂国も郡というまとまりがあり、この地域は碧海郡にあたります。古墳の大きさや集落の規模をみれば、桜井地域が中心であったことは間違いありません。「三河国」とするので良いですが、控え目に言えば「原(げん)三河国」といった言い方でも良いかもしれません。または、「三河国

の首都」とも言い換えることができるかと思います。

　ぜひ、鹿乗川流域遺跡群の発掘調査で、三河国がここで発祥したことを裏付けるような発見をしてみたいと密かに思っているところですので、皆さんも期待していてください。

天　野：西島さんに質問です。三河国は桜井古墳群に始まったと言えるでしょうか。〇ですか、△ですか。明言していただきたいと思います。

西　島：時間がないので、〇ということで次にいきましょう。

天　野：ありがとうございます。都築さんにお尋ねしますが、三河国が桜井古墳群に始まるという話について、地元代表としてどのように思われますか。

都　築：昨年度、桜井古墳群保存管理計画検討会議の委員、つまり地域の代表として参加する中で、桜井古墳群が日本でも代表的な古墳群ということを改めて認識させていただきました。子どもの頃から、姫小川(ひめおがわ)古墳というより浅間(せんげん)神社で朝から晩まで遊んで、古墳には草が一本も生えないぐらいでしたね。よく社務所の窓ガラスやドアを壊しましたが、年配の方からは叱られるわけでなく、怪我がなかったかという言葉をかけてもらったことを記憶しています。また、年配の方からは姫小川の由来を聞かされていて、自然と身に付いているわけですね。ですから、地域の一員として姫小川古墳をどうしても次の世代に伝達していきたいというのが率直な思いです。

天　野：都築さんのようなお考えは、まちづくりの課題にも繋がるご発言だと思います。大きな問題なので後に更に深められたらと思います。

　「三河国、ここにはじまる」に焦点を合わせてもう少し深めたいのですが、そもそも桜井古墳群やその周りの遺跡群には、他地域の遺跡と比べて重要な特色があるのでしょうか。そのあたりが、薄ぼんやりしている気がしますが、どうでしょう。

1　桜井古墳群・鹿乗川流域遺跡群の重要性

天　野：早野さん、前半のお話でも触れられたかと思いますが、桜井地区の古墳や遺跡についてどのように思っておられるか教えていただけますか。

早　野：愛知県埋蔵文化財センターでは鹿乗川河川改修に伴う発掘調査を継続的に実施しておりまして、私も仕事で頻繁に訪れています。桜井地区の遺跡を見ていると、近くの保育園の園児たちが手を繋いで散歩しているのです。新幹線も走っていて、近くには田園風景も広がる、そして遺跡もあるという非常に良い場所だと感じています。私たちの調査は河川改修に伴うもので、どうしても遺跡が壊される負の側面もある事業ですが、今ここにいらっしゃる皆さまの生活に不可欠な仕事でもあります。そのため、現在で言う災害対策やまちづくりにも生かせるよう、発掘調査を通じて、昔の人たちがどのように自然と向き合ってきたのかを明らかにしたいとも思って仕事に臨んでいます。

天　野：赤塚さんは三河国ではなく、尾張国丹羽郡の出身ですが、桜井古墳群、桜井地区の文化財をどのように思っておられますか。率直にお話しいただくのがよいと思いますが、いかがでしょう。

赤　塚：私は昨年度定年を迎えましたが、早野さんと一緒の職場でしたので、何度もこちらの遺跡調査に関与させていただきました。また、現在は市民活動・NPO活動として西尾市域の詳細遺跡分布調査などを行っています。三河国をどう捉えるかというと一言では難しいです。当地域は古墳時代から古代を通じて、明確な氏族の名前ですとか、リーダー・王の名前というのが出てきません。どのように捉えてよいかまだはっきりとした答えを持ち合わせていませんが、最近の愛知県埋蔵文化財センターや安城市教育委員会による鹿乗川流域での精力的な調査を見ますと、予想以上にこの地域に政治的・文化的な核となるような動きが感じられ、全体にもっと高く評価する必要があると思っています。それは学問的にこの地域を評価することはもちろん、他地域との比較検討の中で、どうしてここに大きな集落や墳墓が作られていくのか。あるいは、二つの象徴的な古墳、二子(ふたご)古墳、姫小川古墳の被葬者がなぜ登場したのかという理由が、必ずこの場所のどこかに秘められていると思います。みなさんで探しましょう。

天　野：ありがとうございます。今のような話について土生田先生にもご意見をいただきたいと思います。鹿乗川流域遺跡群について、他の地域で

第4章　ディスカッション　三河国、ここにはじまる

　　　　わかってきた事例と比較するなど、ご見識をうかがえたらと思います。
土生田：重要なことは、鹿乗川流域遺跡群がたくさんの住居がある大きな
　　　　集落ということだけではないと思います。それも大事ですが、それ以
　　　　上に周辺の広い地域からもたらされた土器が、東海はもちろん、他の
　　　　地域の土器が非常に多く出土しています。つまり物流の拠点であり、
　　　　人材、人流と言ってもよいでしょうがその拠点でもあるわけです。こ
　　　　うした規模の遺跡は他にもあるかもしれませんが、今わかっているも
　　　　のでは奈良県桜井市纒向遺跡が代表例です。この遺跡の評価は、人に
　　　　よって解釈が異なりますので断定いたしませんが、卑弥呼のいた都だ
　　　　という説があります。そうでなくとも大和王権の初期の中心地である
　　　　ことに間違いありません。この纒向遺跡はより全国規模になりますが、
　　　　この鹿乗川流域遺跡群もそれに次ぐような物流・人流の拠点であるこ
　　　　とは間違いありません。そういったところに大きなお墓が代々築かれ
　　　　ているということが重要です。
　　　　　その後、この遺跡が衰退したのか詳細はわかりませんが、解体して
　　　　いくのですが、群馬県でも同じような事例があります。古墳時代の前
　　　　半期には大きな古墳が造られたのですが、その後、律令時代の郡に相
　　　　当する範囲の地域ごとにそれなりの規模の古墳ができるというのがわ
　　　　かっています。先ほど大要をお話ししましたが、もともとこの地域
　　　　が古代の人々にとって聖地であり、長く記憶されていたものと思いま
　　　　す。そういう意味で、将来的に後々まで儀礼を行った痕跡、あるいは
　　　　象徴的な遺構・遺物が発見されることも期待されます。なお、今申し
　　　　ました内容は矢作川流域の話になりまして、豊川流域はまた別です。
　　　　先ほど話したように三河国一国になったのは律令時代のことですの
　　　　で、古墳時代に西三河の聖地であったことは間違いないでしょう。
天　野：桜井古墳群、鹿乗川流域遺跡群の重要性がしだいにわかってきま
　　　　した。今日全体の流れとしては、都築さんがおっしゃったような地域
　　　　の絆、まちづくりの話に進めていきたいのですが、どうしても学術的
　　　　な魅力が多くてそちらに話を進めてしまいました。
　　　　　ここで西島さんにお聞きします。この方は安城で生まれ育ったわけ

ではありませんので、この方に桜井の印象を窺ってから都築さんのご発言の方向へ進めていきたいと思います。
西島：安城市に採用されることが決まり、安城市でどこに住もうかなと思った時に古墳があるので桜井に住むことに決めました。歴史がある場所は安心して生活できるという漠然とした思いがありました。天野先生に求められた答えになりましたか。
天野：予想以上に先生の本音がうかがえたと思います。

2　まちづくりと文化遺産

天野：都築さんに質問です。桜井という地域は、現代の望ましい地域社会建設を意識した地域だと思います。都築さんは桜井で生まれ育ち、そして現在も活躍されている方ですが、そうした方からみて現代の地域社会をどのように評価しますか。安城市役所の方も多くいらっしゃいますので、ご意見をぜひ述べてください。

都築：難しい質問ですが、桜井駅周辺の土地区画整理事業によって道が広くなり、昔の面影がなくなってきています。ただし、桜井地区、私の住む姫小川町もですが、非常に狭い道も残っていますので、古墳への散歩道のような遊歩道として整備してほしいと思います。先生方から会議でいろいろ教わりましたので、それでは地域で何をやろうかと考え、実は2015（平成27）年3月の姫小川町内会総会で「姫小川古墳保存会」発足を提案しました。皆さまの了解を得て、この会場にもおみえの方々と6名で発足しました。

　第1回会議では短期、中期、長期で何をやろうかという議題で話し合いをしました。短期計画は地域の者が姫小川古墳を認識していないという課題に対して、まず誇りを持つところからスタートしようじゃないかということです。そこには小中学生を巻き込んで古墳の清掃だけではなく、発掘するなどの実体験をする機会を作ることが必要じゃないかと考えました。中期計画は、地域に掲示板を作り地域の方へのパンフレットを配布する。長期計画は古墳整備や駐車場をつくる、最低でも現状維持することで次世代へ繋げていきたいということです。

先生方からは全国の先進事例からアドバイスいただければ幸いです。

天野：都築さんのようなお考えが市民全体に広がると文化財保護は大きく進展しますね。ただし、そこまで一足飛びに行くのは難しいですね。土生田先生には、全国的視野からご覧になって地域が古墳を大事にしている活動をご紹介いただけませんか。

土生田：私は群馬県内の委員を3つほどやっていますので、群馬県の事例をお話しさせていただきます。現在の高崎市に吸収された群馬町に保渡田古墳群という3基の王墓が並んでいるところがあります。そこに「NHKのど自慢」が行ったときに現地の方々にここはどのようなまちかと尋ねると、「ここは何もないよ」という方が多かったのですね。

　ところが王墓を発掘すると立派な埴輪列が出てきました。古墳を保存するために少し保護層を盛ってから、みんなで作った埴輪を並べてね。そうすると、埴輪のある町としてものすごく誇りを持つようになっていったのです。ただし、誇りだけでは人間生きていけません。これはこの会場の方も半分ぐらいはそのようにおっしゃると思いますので、その方々のために今から申し上げたいことがあります。やはり人が来てくれなければいけない、自分たちだけで埋没させてもいけないわけです。木を植えると古墳が駄目になってしまいますが、何もないと人が集まってくれませんよね。そこで、地下に根をあまりはらず、一年で花が咲くようなコスモスを植えています。他の史跡では曼珠沙華（彼岸花）があり、私は万葉集に出てくるような花を植えるべきだと言ったこともありますが、そのような人を引き付ける工夫を考えることも必要です。

　また、そこには道の駅はありませんが、JAの直売所があります。特段大きなものではありませんが、売上が1億円を超えると言いますので人が来ているということがわかります。人が集まるためにあまりにアミューズメントに走ってしまうと、赤塚さんなんかはかなり怒ると思いますし、私もよろしくないと思います。でもちょっとした工夫で人に見てもらうことは可能です。桜井古墳群は埴輪がない、葺石もないということになるとリピーターが来ません。関連する草花を植え

ることなどの工夫を考えて、くり返し訪ねてくれるような工夫も必要だと思います。あまり手を加えすぎると本来のものが見えなくなってしまうので、最小限の手を差し伸べるといった程度で多くの方に見ていただきたいと思います。まだまだたくさん事例がありますが、時間に限りがありますよね。

天野：ありがとうございます。赤塚さん、史跡や文化財を核にしたまちづくりの効果などについて教えていただけますか。

赤塚：私どものNPO活動の旗印は、「文化遺産の見えるまちづくり」を掲げております。桜井古墳群、鹿乗川流域遺跡群を学術的に評価するだけでは、具体的にこの地域に何も見えてこない。考古学的成果をまちづくりに活かす、出土した土器をまちづくりなどに活かさなければいけないのではないかと思っています。私は亀塚遺跡で出土した人面文壺形土器のような日本でここにしかないような素材を、あえてまちづくりのメインデザインなどに活かすべきだと思います。皆さまには遺跡情報をどのように活かすかを、積極的に自ら考えていってほしいと思います。

　さて私どもの活動紹介として2点あります。一つは、国指定史跡の犬山市青塚古墳の史跡公園を運営しています。愛知県で二番目に大きな前方後円墳ですが、毎日草などの管理が大変です。実は今日も午前7時半から地域の方々と共に草取りをやってきました。二子古墳は登れますが、青塚古墳は神様がいる場所、神社の聖地になっており、一般には登ってはいけないお山なのです。本日は草刈り事業の前に、神主さんに祝詞をあげてもらい、50名近く参加してお山に登り草取りをしました。外来種を含め雑草を抜くということで、一本一本丁寧に手取りで取っていきます。こうした活動を住民の皆さまと一緒にやることで、文化を守り、地域の宝として古墳へ思いや誇りを持っていただくことにつながっていくものだと考えています。

　もう一つは犬山城下町にある古民家の運営です。犬山城下町はかつてはさびれておりましたが、今ではたくさんの人が訪れてくれるようになりました。その要となったのは、昔の地割りを完全に残したこと

です。道を広げてアーケードを付けて商店街を作るということをやめてしまいました。古き街路をそのまま残し、新しい道路計画はやめようと決めたのです。私も桜井地区には何度も来させていただいたのですが、住んでいる皆さまの中で不便を感じる部分も多いかもしれません。しかし路地や古びた建物、道標や石仏など、それが地域の歴史、その場面を作ってきた風景だと思っています。地域をきれいな地割りにして住みやすさだけを追求することはもうやめたほうがいい。私からみればそれはどこにでもある、つまらない街を作ってしまうことです。そうではなくて、今までの歴史を踏まえ地域が作ってきた街並みと人と人との絆、文化を守りながら、その風土と風景を残しながら、静かにゆっくりと住み続けていくこと、ここにしかないものを残し、言い伝えられた伝統を受け継いでいくことが大切です。お金をかけて一過性の派手なイベントやモニュメントを作ることは、長い目で見ると何の役にも立ちません。みんなで知恵を絞って少しずつ変化し、その地の誇りを持ち続けられるまちづくりを意識していただければありがたいと思います。

天　野：ありがとうございます。早野さん、古墳や文化遺産とまちづくりの関係についてご意見をいただけますか。

早　野：これは非常に難しい課題ですが、赤塚さんの話のようにデメリットにも見える細い道を残しながらまちづくりをしていく視点もわかりますし、ここにいらっしゃる皆さまの日々の暮らしもあります。そのため、それらをどのようにうまく共存させていくのかが課題になってきますが、こうした課題を持つ地域事例を参考にしながら地域の皆さまでじっくりと考えていってもらえたらと思います。

天　野：文化遺産とまちづくりというのはとても難しい課題だと思いますが、真剣に考えていただければと思います。西島さんにお聞きしますが、桜井のまちづくりと文化財、またご自身の暮らし方、生き方との繋がりについてお聞かせください。

西　島：何を答えたらよいかわかりませんが、私は桜井町に住み始めて、桜井地区の女性と結婚しました。現在は市内に住んでおりますが、ぜ

ひ桜井地区に家を建てたい、そのような話の流れになっているかと思います。ですので、会場の皆さまは桜井の方ばかりだと思いますので、ぜひ土地を譲ってくだされればと思います。天野先生、そのような答えでよろしいでしょうか。

天　野：会場から拍手がありましたね。赤塚さん、文化財を活かしたまちづくりで言い残した課題があるかと思いますので、最後だと思って言ってください。

赤　塚：皆さまもいろいろな観光地へ行かれると思います。珍しいものを見て、おいしいものを食べて。ただし、本当の観光とはその地で伝えられてきた光り輝くモノを知る・観ることだと思います。そこで訪れた方が何を見ているかと言えば、史跡や文化財、町並み、おいしいものなど挙げられますが、さらに重要なのはそこに住んでいる人たちの会話や行動など、住んでいる皆さまの生活全般があります。そこにまた再び来たいと思えるかは、そこに住んでいる人たちの魅力にかかっていると思います。

天　野：都築さん、文化財とまちづくり、絆を作るという課題に対して言い残したことはありますか。

都　築：『姫小川の由来』という小さい頃からの先輩たちから聞いてきた内容を非常に良くまとめた本があります。姫小川町全戸に配布された本ですが、こうした内容について小中学校の子どもたちにお寺や神社、古墳などにぜひとも関心を持っていただけるようにしたいと思います。赤塚さんもおっしゃられたように古墳を見るだけなら一度訪れれば十分ですが、桜井の棒の手・桜井凧あげ・矢作川のいかだ下りなどを絡めて年間を通じて訪れていただけるようなことがあればよいと思っています。大屋市会議員もお見えですので、ぜひそうしたところに力を入れてもらえればと思っています。スタンプラリーなどのイベントには、必ず本證寺から姫小川古墳、二子古墳を巡ってもらうとか、まちづくりに活かす方法をみんなで考えていければと思っています。

天　野：これで最後になると思いますので、やはり土生田先生に締めてもらえればと思います。まちづくりや絆と言っても、子どもが育つ、人

間が育つということでなくては意味がないと思います。そうしたことと文化財・古墳との繋がりについてご意見をお願いします。

土生田：社会学という学問がありますが、そこで明瞭なのは団地の問題です。そのうち自治会ができて伝統のあるところも中にはありますが、あまり統計を出すことはできませんが、子どもが居住地域に対する誇りをなかなか持てないという現実があります。しかし、城下町など皆さまの心の中心になるようなものがある地域はその逆であるという結果がはっきり出ています。特に、団地は最初良いように見えますが課題が多く出てきます。赤塚さんが言っていました「どこにでもあるまち」と繋がることかと思います。よく使われる自己アイデンティティという、自分とは何者なのか、どういうところに住んでいるのかということ、その誇りを持って言えることが大事だと思います。誇りだけでは飯は食えないと先ほど申しましたが、やはり中核になるはっきりとした象徴＝ランドマークが必要だと思います。そういう意味で、古墳だけでなく、地域全体の文化財というものに誇りが持てるように大人が仕向けていくということも必要です。そのカギは地元の方々です。このことをを我々がお手伝いできてもやはり実践していくのは地元の方々です。そうしないと、強制的にやらされたものはだめなわけで、これからの若い人たちが誇りを持って、そして自分たちは例えば東京の大学、大阪の大学に行ったときに「お前はどこの出身だ」と聞かれたときに「愛知県……」とボソボソと言うことがないように、「私は愛知県安城市桜井町の出身で…」とはっきりと説明できるように、まちづくりをすることが明日の桜井地区、明日の安城市に繋がっていくのだろうと思うのです。それには地元の方々にも多少の覚悟が必要ですが、我々もそのお手伝いをしていきたいと思っています。西島さんは地元の人になりましたので当然ですが、我々もそうした意識を持っています。本日皆さまの多くのお顔を見て、とても心強く思っております。以上です。

天　野：今の土生田先生のお話がパネルディスカッションのまとめに一番ふさわしいですね。皆さん、本日はありがとうございました。

市民とともに歩んだ文化財保護の50年

天野暢保

はじめに

2015（平成27）年3月10日、本證寺境内が国の史跡に指定され、また2016年8月17日には、亀塚遺跡出土の人面文壺形土器が重要文化財（考古資料）に指定された。これは安城市の文化財保護活動のひとつの到達点である。ここに至る経緯を振り返ると、各種の手立てを講じて変化を呼んできたことがわかる。

日刊新聞に遺跡の危機が訴えられる

1950（昭和25）年6月、朝鮮戦争が起きると「特需景気」が起きた。高台の畑を削ればその土砂でさえ売れる時代となった。碧海郡安城町では、出来たばかりの新制中学の運動場が拡張されることとなり、学校に隣接する田んぼへ土砂がはこびこまれた。大字上条から運ばれた土は、弥生土器を含んでいた。現場へ駆けつけると、上条の洪積台地を削る土砂は牛馬が曳く運送車とトラックに積んで運び出される。高さ3mほどの台地の断面をみると弥生土器が埋まっていて、竪穴式住居址の断面が上下二層にわたってみられた。上条遺跡の破壊は1953年頃まで続いた。

名古屋大学文学部助教授だった澄田正一先生（考古学・安城市在住）は、安城市長に面会して抗議した。だが、なんの対策も講じられなかった。澄田先生は毎日新聞に署名入り七段抜きの記事を執筆し、遺跡保存の必要を訴えた。

大字古井の鹿乗川流域では、1954年ころから公費による耕地整理がはじまり、古井遺跡の破壊がはじまった。ごく一部の弥生土器などは村の人々が収集した。

文化財に陽が当たらない時代

　1958年には安城市文化財保護条例が制定され、安城市文化財保護委員が任命された。戦前からの郷土史家であり、戦後逸早く結成された（1945年10月）名古屋郷土文化会に参画した三井博先生、戦後『大日本史料』『大日本古文書』を独学で読み漁った中川覚氏、『明治村史』上下巻1750頁（1966年発刊）を書き上げた斎藤勘吾氏らがこれに加わった。そのころ、保護委員会が開かれるたびに話題にされることが二つあった。ひとつは、安城は歴史のないところと一般にはいわれているが、志貴荘・安城御影・安城松平（徳川将軍家の直系の先祖）など重要な歴史がある。もうひとつは、これらの地方史研究には、京都や東京へ出かけて調査する必要があるが、公費で研究を進めるべきである、と語られた。委員長は声を大にして、「安城市は文化財の保護と調査に予算を出すべきだ」と主張した。青年団や婦人会の運営で成果を上げて県内では知られていた社会教育課の課長や係長ではあったが、この時は黙って聞いていた。そのひとりに長坂正一氏がいた。

教員たちの力で踏み出す

　青年団や婦人会の指導・安城市教育委員会（以下、市教委）主催の巡回映画会・同主催陸上記録会や文化協会主催野球大会の審判等は、事務局を社会教育課が一手に引き受けていて、その要にいたのが長坂氏であり、指導や審判は小中学校の教員の奉仕で支えられていた。土木工事にかかる遺跡の事前調査についても、市教委は同じ方法で対応しようとして、小学校教員として採用した一人、つまり筆者天野を市文化財保護委員に加えた（1963年10月）。

　1964年夏、安城市大字古井の本神の土取り工事現場から多数の土器がみつかり、町内会長から市教委へ情報が持ち込まれた。長坂氏は学校教育課に応援を求め、教員では安城市教育研究会社会科部会の部長畔柳典造氏が各学校の社会科主任に電話して、数人を誘って調査に参加するように呼びかけた。　調査主任は澄田先生にお願いした。

　こうしてはじまった本神遺跡の調査では、幅2～3m、深さ1.5m程度

の断面V字状の周溝が約100m続くことを確認、木製りんご箱に数十杯分の土器を収集した。簡略ではあったが調査報告会を行い、出土品の一部を発表する展覧会も実施した。

　1964年、オリンピック景気のなか、市役所は『安城市史』編さん事業着手を決めた。編集委員長は前教育長の冨田郁太郎先生であったが、実質的な指導者は塚本学先生であった。塚本先生は県立安城高等学校定時制（夜間部）の教員であり、昼間は村々の近世文書を漁り、夜間に出勤する研究者であった（のちに国立歴史民俗博物館歴史部長・文化庁文化財保護審議委員）。以後、安城市域の文化財保護や歴史研究は塚本先生の影響を強く受けて、進展することとなる。塚本先生の市史編集方針は、安城市民の歴史を、市民のために、市民が書く、というものであり、調査・執筆は市内小中学の教員を中心に組織された。畔柳・天野もこれに加えられた。

　1966〜1968年には、山崎城址と山崎遺跡が耕地整理にかかるというので畔柳・天野と小中学校教員と生徒が発掘調査に当たった。1967年11月に安城文化協会は、畔柳・天野に「郷土史研究を通じ文化財の保存につくした」として安城文化奨励賞を授与した。これらを通して、文化財が市民に注目されるようになっていったと思われる。

　畔柳・天野は山崎城址・山崎遺跡の問題を経験して、埋蔵文化財の保護は市民の間に理解を広めることが一義的課題と考えるに至った。また、それには考古学に興味のある人の応援を求めるだけではなく、広く歴史や社会科学に関心のある人々の力を結集すべきと考えた。そして市民に呼びかける史跡巡りの開催を、市教委の長坂氏に提案した。市教委主催の第1回の史跡巡りは1993年12月1日に実施した。「いざなぎ景気」の最中であった。参加申し込みが多く、名鉄観光バスを急遽2台にするほど注目された。市民一般は待ち望んでいたのである。

　実施してわかったことは、一日の史跡巡りには一貫した流れが必要であり、案内は一人で通すのが有効であること、分かりやすい案内をするには教員が案内を引き受けるべきだということ、の2点であった。以後、畔柳・天野は考古分野だけではなく、中世や近代についても案内人として語れるようになろうと必死になった。

市民の間に歴史研究グループが育つ

市教委はその後、たびたび主要な土木工事に先駆けての緊急調査を組織することになった。そのたびに、名古屋大学の関係者である澄田先生・大参義一先生の指導を受けた（1969年からは天野が発掘を指揮した）。作業従事者を募集して、主として土日に作業を実施する発掘調査となった。

また市教委は、公民館講座の一つに発掘調査参加者を主たる対象とした考古学の講座を開いた。1年間の講座が終わると、自主研究グループが発足した（安城考古学談話会、1981年発足）。月例会開催のほかに、市内はもちろん、市外の発掘調査にも参加したり、出土遺物の整理にも従事した。土器の復元技術で腕を磨き、市外の出土品の復元を引き受ける会員も出てきて、中には復元を担当した土器が『愛知県史 資料編1』の図版に掲載された例もある。

市教委の講座を起点にして成立する研究グループは他にもできた（最大の組織は神谷素光先生が指導する「安城歴史をまなぶ会」）。市史編さんは1冊の書籍ができて終わりではない。歴史を調べ考え続ける市民が増えることを目指そう。これは塚本先生の市史編集方針であった。この考えを育てるために、市教委は1975年から毎年研究誌『安城歴史研究』（図1）を刊行し、市民が研究を発表する場を用意してきている。またのちには、現在も継続する研究会の場として安城市歴史博物館は講座室などを用意している。

図1　安城市歴史研究創刊号
（市教委1975）

この動きに呼応して、安城市内では各町内会が町の歴史編纂に取り組み、すでに11の町内会が町史を出版している。また、安城青年会議所は講師を招いて史跡巡りを実施して研修を積み、会員自身が執筆して史跡案内書を刊行したり、同じ手法でビデオテープを制作したりした。また、市民一般に参加を呼びかけて史跡巡りウォーキングを企画し300人の参加をえた。そのリーフレット『古墳にこうふん』の執筆編集と当日のガイドは、安城考古学談話会のメンバーが受け持った（1990年）。

信用を得る活動の累積

小学校の修学旅行は京都奈良へ出かける慣わしだったから、児童が文化遺産に接する絶好の機会と捉えた天野は、仏像の形を学習するガイドブックを作成して、実践を試みた。その成果を、雑誌『月刊文化財』の懸賞論文に応募し、この年の最高賞を受賞した(「文化財保護思想をいかにして育てるか―奈良・京都修学旅行(小学校)の指導をとおして―」1966年11月号、第一法規)。

小学校社会科副読本の編集委員としても、活動の仲間入りさせてもらった(1974年から)。安城市農業協同組合の『農協だより』に1980年1月から1988年12月まで9年間、「安城ヶ原の歴史」と題して、108回連載させてもらった。1971年のニクソンショック、1973年のオイルショック、1980年の第二次オイルショックなどを通して不況時代に入ると、日本農業見直しの風潮が起こり、安城では「日本デンマークの歴史」を話して欲しいというリクエストが入るようになった。

重点を決めて復元・保存処理

発掘調査の整理では、出土品のうちで重要度の高いものについて、費用がかかっても最高の保存処理をしようと市教委に依頼した。そのことで安城にも貴重な文化遺産(埋蔵文化財)があることを証明しようと考えたからである。

弥生時代の桜の皮巻き土器と古墳時代の竪櫛は、奈良国立文化財研究所に相談して、保存処理を同所の研究計画に入れていただき、最高の処理を受けることができた。国の重要文化財に指定をうけた亀塚遺跡出土「人面文壺形土器」もその例で、人面文の残りがいいこの出土品には、専門業者の手で復元するよう、市教委に予算確保を依頼した。復元の指導は京都国立博物館考古室長八賀晋氏に仰ぎ、1980年10月に完成した。

図2　図録原始古代人の顔
(市教委1986)

自主文化財展の開催

　この人面文土器が完成すると、市民の皆さんに、日本史上でも注目される歴史資料であることをみてもらおうと、関連する資料を全国各地から借用して、企画展「原始、古代人の顔」を開いた（図2、1986年）。経費は市教委の予算によったが、企画と借用交渉・図録執筆・当日の会場当番・展示解説・記念講演講師交渉に至るまで、安城考古学談話会が引き受ける自主企画とした。企画の段階から18人で作ってきた企画展であるので、会場警備を受け持つ会員が、観覧者に語りかけて説明することができた。市外や県外から訪れた研究者が、安城は解説できる人の数が多くて驚いたと評価してくれた。

　この展覧会は1986年10月に開催したが、同じ手法で1988年には「土器が語る文化交流」と題して実施した。この後天野らは他にも展覧会ができるテーマがあることを各所で語った。古墳時代・安城の古代寺院・安城の聖徳太子絵伝・安祥城・明治用水のあゆみ・日本デンマークなどのテーマを考えていた。これを受けて前に記した青年会議所のOBたちが、安城に歴史博物館を建設したら、地域に誇りが持てる市民が育つとの考えに至った。ここの皆さんは第三セクターにすることを主張し、天野は設立趣意書（案）を制作した。

歴史博物館建設決まる

　1987年、市長選挙の立候補者が決まったことを報道する中日新聞が、候補者の公約として見出しの文字にしたのが「歴史博物館建設」であった。この公約を掲げて当選したのが第4代安城市長岩月収二氏（第3期目選挙）であった。歴史博物館建設の企画は、展示内容も建造物もグレードの高いものを目指すことが決まった。市長の岩月氏は任期中博物館建設を行い、第5代市長の杉浦正行氏の1991年3月、安城市歴史博物館が開館した。杉浦氏は博物館の充実と埋蔵文化財行政の拡充につとめ、新編安城市史の編纂、埋蔵文化財センターの設置をも実現した。

小学校が「親子桜井めぐり」継続実施

1987年、桜井小学校では校長が「健康教育」に取り組み、6年目には全国審査を受ける、と宣言した。体と心の健康を養う企画だった。この年、天野はこの学校へ転勤。子どもたちが地域の史跡を学習すれば、郷土に誇りをもつ「心」が育つと考えた。土曜の半日、親が子供を連れて史跡を巡回して、親が子どもに地域の歴史を語り聞かせる企画だった。名称を「親子桜井めぐり」とし、PTA文化教養委員会が史跡マップとリーフレットを用意して、年に一度実施。天野が転勤してからも使えるリーフレットの種本が欲しいとの要望で、冊子『親子桜井めぐり』(図3)を作成した。この取り組みが文化財保護に有効かどうかの検証は難しいが、学校が健康教育日本一の賞を受けたことは別にしても、この取り組みは他の学校へも広がり、桜井小学校では今でも継続して実施している。

図3　親子桜井めぐり
(桜井小学校健康教育推進懇談会1991)

桜井古墳群を市民・国民の文化財に育てる道筋

鹿乗川流域遺跡群は桜井古墳群を支える集落址を包含している。その上、古墳時代の集落から古墳群を見上げる景観が現在ものこっていることは、桜井古墳群の史跡としての重要な価値である。しかしそれだけではなくここには、どのような歴史的環境のもとにこの古墳群が成立したか、その前史に注目すべき歴史的要素が含まれている。原始古代における愛知県地方は、弥生文化と縄文文化の接触点として、すでに大正期から注目されてきた。西日本に広がる弥生文化は鈴鹿山脈を越えて伊勢湾沿岸の伊勢平野と濃尾平野にまでは広がったが、知多半島から瀬戸にかけての丘陵を越えてその東(東日本)に侵入することが出来なかった。この時期の西三河地方は、縄文文化を展開する東日本の西の端だった。その西三河の拠点集落(少なくともその一つ)が、鹿乗川流域遺跡群であった可能性が高い。す

でに西日本の東の端の集落跡としては、愛知県清須市朝日遺跡において実態が判明しつつある。この西日本の集落跡と東日本の集落跡はどこが違うのか、それを証明する史跡がここ桜井地域に埋まっているのである。その意味において、鹿乗川遺跡群の保存と調査の重要性は高い。

　しかも、これにさきだつ縄文時代晩期の東海地方西部の文化には、再葬墓や抜歯、土偶型容器など特色ある文化が展開していた。これらの文化を担い受け継ぐ集団が鹿乗川遺跡群に居を構えていて、弥生時代前期の文化がストレートに東日本へ浸透して来ることを阻んだのである。この勢力は弥生時代を通じて、パレススタイル土器の東日本への広がりや三遠式銅鐸の出現、外来系土器の受け入れや搬出にもかかわり、美濃・尾張・三河の古墳時代の特色ある開幕にも関わったと思われる。

　桜井古墳群以後の西三河地方でも、特色のある歴史の展開を見せる。竪穴系横口式石室・地域色のある横穴式石室（胴張りのある平面の複室ほか）・北野系古代瓦などであり、これらを通してみると、縄文時代晩期から白鳳時代まで、西三河には独特の文化を展開する人間集団がいたとわかる。これが大和地方に発生した古代文化圏に飲み込まれていくのは、壬申の乱を乗り越えて整えられる律令制度の時代であろう。

　こうした見通しを立てて、この地方の弥生・古墳文化をみれば、日本列島の西の文化と東の文化の違いを追究する材料がこの地方には広がっていることがわかり、この地域が東西日本文化探求の拠点となり得ることが予想される。その中での桜井古墳群の追究は、日本の考古学研究者が一致して取り組む価値のある地点であると思われる。しかもこの地点は現在は水田と畑作地帯となっていて、地下の埋蔵文化財は眠り続けている。水田耕作は営農組合経営というこの地域の農民の知恵で、今後も存続発展が期待されている。しかし、蔬菜などの畑作については、従事者の高齢化により、先は必ずしも明るくない。史跡保存と考古学研究者の立場としては、見通しを持った対応の必要をひしひしと感じている。

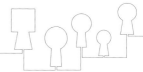

桜井古墳群をもっと知るために

愛知県の古墳をもっと知るために

愛知県史編さん委員会　2005『愛知県史』資料編3　考古3古墳
愛知県史編さん委員会　2016『愛知県史』通史編1　原始・古代
愛知大学日本史専攻会考古学部会　1988『西三河の横穴式石室　資料編』
赤塚次郎　1990「西部（岐阜・愛知）」『古墳時代の研究』11　地域の古墳Ⅱ　東日本、雄山閣出版
赤塚次郎　1992「海部郡と三河湾の考古学」『伊勢と熊野の海』海と列島文化8、小学館
赤塚次郎　1997「愛知県内前方後円（方）墳の測量調査概要報告1」『愛知県研究』創刊号、愛知県
赤塚次郎　2009『幻の王国・狗奴国を旅する　卑弥呼に抗った謎の国へ』風媒社
荒井信貴・三田敦司　2003「古墳時代の矢作川」森　浩一編『東海学と日本文化』（第10回春日井シンポジウム）、五月書房
安城市歴史博物館　2008『三河の古墳　安城の古墳時代』
岩原　剛　2011「三河の古墳時代」『黄金の世紀』豊橋市美術博物館・飯田市美術博物館
豊橋市美術博物館　2000『海道をゆく―渥美半島の考古学―』
豊橋市美術博物館・飯田市美術博物館　2011『黄金の世紀』（三遠南信文化交流展）
中井正幸　2005『東海古墳文化の研究』雄山閣
中井正幸・鈴木一有編　2008『東海の古墳風景』季刊考古学別冊16、雄山閣
名古屋市博物館　2005『古墳はなぜつくられたのか―古代濃尾の王と民衆―』
名古屋市博物館　2012『尾張氏☆志段味古墳群をときあかす』
土生田純之　1991『日本横穴式石室の系譜』学生社
土生田純之　2011『古墳』吉川弘文館

桜井古墳群をもっと知るために

赤塚次郎　1988「東海の前方後方墳」『古代』86、早稲田大学考古学会
天野信治　1994「愛知県安城市二子古墳について」『考古学フォーラム』4
天野暢保　1960「矢作川流域における古墳時代」『歴史研究』7、愛知学芸大学歴史学会
天野暢保　1971「地方国家の成立」『安城市史』安城市史編さん委員会
安城市教育委員会　2007『史跡二子古墳』安城市埋蔵文化財発掘調査報告書19
安城市教育委員会　2011『史跡姫小川古墳』安城市埋蔵文化財発掘調査報告書27
安城市教育委員会　2015a『姫塚古墳　姫塚遺跡　崖古墳　姫遺跡』安城市埋蔵文化財発掘調査報告書35

安城市教育委員会　2015b『桜井古墳群保存管理計画書』
安城市史編さん委員会　1971『安城市史』
安城市史編さん委員会　1973『安城市史』資料編
安城市史編集委員会　2004『新編安城市史』10　資料編考古
安城市史編集委員会　2007『新編安城市史』1　通史編原始・古代・中世
大塚初重　1962「前方後方墳序説」『明治大学人文科学研究所紀要』1、明治大学
小栗鉄次郎　1936a「碧海郡桜井村大字桜井二子古墳」「碧海郡桜井村大字姫小川姫小川古墳」『愛知県史跡名勝天然紀念物調査報告』14、愛知県
小栗鉄次郎　1936b「碧海郡桜井村大字姫小川姫小川古墳」『愛知県史跡名勝天然紀念物調査報告』14、愛知県
北島大輔　2002「地域社会の成り立ちと遠隔地間交流―古井遺跡群とその時代―」『弥生の「ムラ」から古墳の「クニ」へ』学生社
考古学フォーラム　2013『変貌する弥生社会　安城市鹿乗川流域の弥生時代から古墳時代』
國學院大學日本文化研究所　2004『柴田常恵写真資料目録1』
齋藤弘之　1997「（資料紹介）桜井古墳群測量調査―姫小川古墳・塚越古墳―」『安城市歴史博物館研究紀要』No.4
桜井町文化財保護委員会　1959『資料編　桜井町の古墳』
鈴木敏則　1985「三河」『季刊考古学』10、雄山閣出版（1995「三河」『全国古墳編年集成』雄山閣出版に所収）
贄　元洋　1988「愛知県三河地方の前方後方墳」『古代』86、早稲田大学考古学会
贄　元洋・神谷友和　1992「三河」『前方後円墳集成』中部編、山川出版社
碧海郡教育会　1916『碧海郡誌』
三井　博　1961「安城市『塚越古墳』について」『博物館彙報』2、安城市立図書館
茂木雅博　1974『前方後方墳』雄山閣出版
杢原利一　1943『桜井村史』桜井村役場

右：伝説を綴る古文書（天保年間）の表紙
　　左上：伝説のお姫様の墓
　　左下：古文書の執筆者名「野村幸助」
　　（『姫小川の由来』1975、口絵より）

著者紹介 (掲載順)

黒柳一明（くろやなぎ・かずあき）	桜井地区文化財保存会会長
西島庸介（にしじま・ようすけ）	安城市教育委員会
森　泰通（もり・やすみち）	豊田市教育委員会
岡安雅彦（おかやす・まさひこ）	安城市教育委員会
北島大輔（きたじま・だいすけ）	山口市教育委員会
川﨑みどり（かわさき・みどり）	安城市教育委員会
早野浩二（はやの・こうじ）	愛知県埋蔵文化財センター
岩原　剛（いわはら・ごう）	豊橋市教育委員会
鈴木一有（すずき・かずなお）	浜松市文化財課
寺前直人（てらまえ・なおと）	駒澤大学准教授
石黒立人（いしぐろ・たつひと）	愛知県埋蔵文化財センター専門委員
福岡猛志（ふくおか・たけし）	日本福祉大学名誉教授
神谷澄男（かみや・すみお）	安城市企画情報課
中井正幸（なかい・まさゆき）	大垣市教育委員会
伊藤基之（いとう・もとゆき）	安城市教育委員会
山本清堯（やまもと・きよたか）	桜井駅周辺地区まちづくり委員会委員長
都築克洋（つづき・かつひろ）	姫小川古墳保存会会長
齋藤弘之（さいとう・ひろゆき）	安城市教育委員会
佐藤正知（さとう・まさとも）	文化庁記念物課主任調査官
天野暢保（あまの・のぶやす）	安城市文化財保護委員会委員長
赤塚次郎（あかつか・じろう）	NPO法人古代邇波の里・文化遺産ネットワーク理事長

編者紹介

土生田純之（はぶた・よしゆき）

専修大学教授
1951年　大阪府生まれ。
関西大学大学院修士課程修了。博士（文学）。

〈主要編著書〉

『古墳』吉川弘文館、2011年。
『古墳時代の政治と社会』吉川弘文館、2006年。
『黄泉国の成立』学生社、1998年。
『日本横穴式石室の系譜』学生社、1991年。（以上著書）
『積石塚大全』雄山閣、2017年。
『事典　墓の考古学』吉川弘文館、2013年。
『東日本の無袖横穴式石室』雄山閣、2010年。（以上編著）

2017年10月25日 初版発行　　　　　　　　　　《検印省略》

三河国（みかわのくに）、ここにはじまる！

編　者	安城市教育委員会・土生田純之
発行者	宮田哲男
発行所	株式会社　雄山閣

　　　　〒102-0071　東京都千代田区富士見2-6-9
　　　　TEL 03-3262-3231㈹／FAX 03-3262-6938
　　　　URL　http://www.yuzankaku.co.jp
　　　　e-mail　info@yuzankaku.co.jp
　　　　振替：00130-5-1685

印刷・製本　株式会社ティーケー出版印刷

©Anjo city board of Education and
Yoshiyuki Habuta 2017
Printed in Japan

ISBN978-4-639-02527-6 C0021
N.D.C.210 220p 21cm